Exotische
Früchte & Gemüse

Elisabeth Bangert

Exotische
Früchte & Gemüse

EDITION XXL

Inhaltsverzeichnis

Avocado
Mehr dazu auf Seite 30–31.

Vorwort

Das Angebot an exotischen Früchten und Gemüsesorten wird auf unseren Wochenmärkten oder auch in den Obst- und Gemüseabteilungen der Lebensmittelgeschäfte immer größer.

Bestimmt haben Sie manchmal schon die unterschiedlichsten Exoten gesehen, sich dann aber nicht entscheiden können, ob Sie sie kaufen sollen, da Sie sich nicht sicher waren, wofür sich die oftmals nicht ganz günstigen, fremdländischen Gewächse überhaupt eignen.

Mit diesem Buch möchte ich Ihnen gerne hierbei Hilfestellung geben: Hier erfahren Sie alles, was Sie über die exotischen Köstlichkeiten wissen sollten. Erwähnung finden hierbei nur solche, die bei uns auch wirklich erhältlich sind. Mit wenigen Anleitungsschritten zeige ich Ihnen die Vor- und Zubereitung der verschiedenen Sorten.

Ich verrate Ihnen die Herkunft der einzelnen Exoten, das Aussehen und alles, worauf Sie beim Kauf achten sollten. Außerdem bekommen Sie einen Überblick über praktische Küchenhelfer, die Ihnen den Umgang mit den Exoten erleichtern.

Die unterschiedlichsten Rezepte werden Ihnen zeigen, wie Sie das Gemüse und die Früchte zu einem echten Gaumenschmaus machen. Neben einem schnell zuzubereitenden Fruchtsalat finden Sie z. B. auch einen ausgefallenen Gänsebraten mit Datteln und Feigen oder einen exotischen Apfel-Yam-Auflauf. Der Vielfalt sind hierbei keine Grenzen gesetzt.

Bringen Sie Abwechslung auf Ihren Speiseplan, holen Sie den letzten Urlaub wieder auf den Tisch und überraschen Sie Ihre Familie oder Gäste mit ausgefallenen Köstlichkeiten.

Ihre

Elisabeth Bangert

Was sollte ich über exotische Früchte und exotisches Gemüse wissen?

Exoten –
vielfältig und köstlich!

Süße Cherimoyas aus Kenia, saftige Mangos aus Indien, knackiger Pak-Choi aus China oder feuriger Chili aus Südamerika. Seitdem Reisen von Kontinent zu Kontinent nur wenige Stunden dauern, bereichert eine Fülle von köstlichen Exoten unseren Speisezettel. Prächtig und bunt, verführerisch duftend und prall gefüllt mit vielen wertvollen Inhaltsstoffen – das Stöbern in fremden Gärten ist eine wahre Lust! Wer auf Entdeckungsreise gehen und exotisches Flair in die heimische Küche bringen möchte: Hier kommen ein paar besonders delikate Tipps, frisch gepflückt rund um den Globus. Mit praktischen Vorschlägen für die Zubereitung und Aufbewahrung. Naschen ist ausdrücklich erlaubt!

Dieses Buch stellt nicht nur die bekanntesten exotischen Früchte- und Gemüsesorten in einem Porträt vor, sondern gibt auch Auskunft über Form, Farbe und Geschmack. Es erklärt, wie die Exoten geschält, gewürfelt, ausgelöffelt, gekocht oder schlichtweg geöffnet werden, beschreibt das Handwerkszeug, das für die fachgerechte Verarbeitung benötigt wird, und gibt in Schritt-für-Schritt-Anleitungen Tipps für die Zubereitung. Denn selbst wenn der Name auf einem Schild die Frucht oder das Gemüse im Supermarkt benennt, so bleibt die Zubereitung oftmals ein Rätsel:

- **Wie wird die Frucht geschält?**

- **Wird das Gemüse roh oder gekocht gegessen?**

- **Was passt dazu: Geflügel oder Quark?**

Neben den Beschreibungen wurde zu den meisten Früchten und Gemüsesorten ein Kochrezept ausgewählt, das den einzigartigen Geschmack besonders zur Geltung bringt.

Mangostane, S. 94

Wie kommen die Exoten bei uns in den Handel?

Per Lufttransport werden nur Spezialitäten und Exoten, die schnell verderben, zu uns gebracht. Für den Massentransport in Containern eignen sie sich wegen ihrer Empfindlichkeit nicht. Vor allem moderne Großraum-Passagierflugzeuge, die bis zu 50 Tonnen Frachtgut transportieren können, werden stattdessen für ihren Transport genutzt. Der Flug dauert nur wenige Stunden, sodass die Exoten praktisch keinen Qualitätsverlust erleiden.

Alle anderen Exoten kommen aus Kosten- und Platzgründen als Massentransporte in Kühlschiffen und Kühlcontainern auf dem Seeweg nach Mitteleuropa. Vor allem durch die technische Weiterentwicklung der CA-Kühltechnik („controlled atmosphere") ist der Transport in Containern immer beliebter und effizienter geworden. Dabei wird die Sauerstoff- und Kohlendioxidkonzentration der Containerluft so verändert, dass sich der Alterungsprozess der Ware stark verlangsamt. So lässt sich ihre Lagerzeit erhöhen, teilweise sogar um das Doppelte. Diese Technik hat dazu beigetragen, die stetig wachsende Nachfrage der Industrienationen nach Exoten zu befriedigen.

Frischer Ingwer auf dem Viktualienmarkt in München. Im Vordergrund eine Durian, die in Stücken angeboten wird.

Tamarinde, S. 134

Worauf muss ich beim Einkauf von Exoten achten?

Wichtig ist, dass die Exoten absolut frisch auf den Tisch kommen. Daher der wichtigste Tipp: Kaufen Sie nur Obst und Gemüse (einheimisches und exotisches), das frisch und knackig aussieht. Was schlaff und matschig wirkt, schmeckt meist auch so. Exoten erhalten Sie in bestimmten Supermärkten und Reformhäusern oder beim Feinkost- oder Gemüsehändler, der spezielle Ware auch bestellen kann.

Verschiedene Kartoffelsorten auf dem Viktualienmarkt

Litschi, S. 86

Bei welchen exotischen Früchten kann man die Schale nicht essen?

Ananas, Annone, Avocado, Banane, Curuba, Durian, Feijoa, Granatapfel, Grapefruit, Ingwer, Jackfrucht, Johannis-brot, Kakaoschote, Kaki, Kaktusfeige (Vorsicht, Schale stachelt!), Kiwano, Kiwi, Kokosnuss, Limette, Litschi, Loquat, Mandarine, Mango, Mangos-tane, Manna, Melone, Orange, Papaya, Passionsfrucht, Pepino, Pitahaya, Pomelo, Rambutan, Sapote, Tamarillo, Ugli, Zitrone.

Mit Schale gegessen werden können:
Dattel, Feige, Karambole, Kumquat, Nashi, Physalis, Sharonfrucht.

Wie bewahre ich
Exoten richtig auf?

Am besten bewahren Sie Exoten an einem kühlen Platz in Ihrer Wohnung auf, d. h. nicht im Obstkorb auf der Fensterbank, wo die Sonne direkt daraufällt, aber wenn möglich auch nicht unter 12° C, d. h. nicht im Kühlschrank. Kältere Temperaturen töten die Geschmacksstoffe exotischer Früchte- und Gemüsesorten regelrecht ab.

Sobald Exoten reif sind, verderben sie meist sehr schnell. Die Früchte- und Gemüsesorten der Tropen sind nicht mit den europäischen, überzüchteten Sorten zu vergleichen, die für langes Lagern oftmals genetisch verändert wurden. Deshalb kann man bei reifen Exoten, vor allem bei den mit größeren Ausmaßen wie z. B. der Melone oder der Ananas, manchmal nicht vermeiden, sie im Kühlschrank aufzubewahren, weil sie nicht an einem Tag verzehrt werden können. Im Gemüsefach des Kühlschranks halten sie sich dann noch einige Zeit frisch, während sie bei Zimmertemperatur schnell verderben würden. Vom Geschmack bleibt allerdings bei zu langer gekühlter Aufbewahrung nicht viel übrig, deshalb sollten Sie die Reste so schnell wie möglich verzehren.

Noch nicht voll ausgereifte Exoten gehören gar nicht in den Kühlschrank, weil die Kälte die Reife hemmt anstatt sie zu beschleunigen. Unreife Exoten möchten am liebsten bei Zimmertemperatur in einer offenen Schale liegen – aber nicht zu nahe an Bananen oder Äpfeln, denn deren ausströmende Gase lassen sie zu schnell reifen.

Exoten vertragen keine Aufbewahrung in geschlossenen Behältern aus Glas oder Plastik. Sie brauchen die frische Luft. Hängende Bananen halten sich z. B. deutlich länger als liegende, die dadurch Druckstellen bekommen.

Auch angeschnittene Exoten faulen schneller, wenn sie mit einer Folie an der Schnittstelle abgedeckt werden. Auch hier gilt: Sie müssen die Früchte bzw. das Gemüse atmen lassen! Meist bildet sich an der Schnittstelle von selbst ein natürlicher Schutzfilm. Außerdem sollten angebrochene Früchte sowieso so schnell wie möglich, am besten innerhalb von ein bis zwei Tagen, verzehrt werden.

Pitahaya, S. 118

Frucht/Gemüse	Kalorien (pro 100 g)	Joule (pro 100 g)	Vitamine	Mineralstoffe	Sonstige
Ananas	57	240	A, B	Kalzium, Kalium, Magnesium, Eisen, Mangan	Bromelin
Annone	90	376	B, C	Kalium, Eisen	
Artischocke	61	255	Provitamin A, B	Kalzium, Eisen, Kalium	Eiweiß, Kohlenhydrate
Aubergine	25	130	B_1, B_2, C	Kalzium, Eisen	Eiweiß, Kohlenhydrate
Avocado	237	995	B, C, E, Biotin	Magnesium, Kalium, Kalzium	Ungesättigte Fettsäuren, Lecithin
Babaco	23	96	C	Kalzium, Phosphor	Papain
Bambussprossen	17	71	A, B_1, B_2, C	Kalzium, Phosphor, Eisen, Natrium, Kalium	Eiweiß, Kohlenhydrate
Banane	96	402	A, B, C, E	Kalzium, Eisen, Magnesium	Folsäure
Bittergurke	k. A.*	k. A.	k. A.	k. A.	Bitterstoffe
Chayote	k. A.	k. A.	Provitamin A, C	Kalzium, Eisen, Kalium	Eiweiß
Chili	20	84	C	Kalium	Eiweiß, Fett, Kohlenhydrate
Cranberry	46	192	C	Eisen, Kalium, Magnesium	
Curuba	25	104	A, C	k. A.	
Dattel	274	1147	B, K, Biotin	Eisen, Magnesium, Kalium	Folsäure, Fruchtzucker
Durian	90	377	A, B, C, E	Phosphor, Kalzium, Eisen	
Feige	73	305	B, K, Biotin	Phosphor, Kalzium, Eisen	Fruchtzucker, Proteine
Feijoa	42	176	C	k. A.	
Granatapfel	74	316	C, K	Kalium, Phosphor, Kalzium, Eisen	Fruchtsäuren
Grapefruit	44	182	Betacarotin, C, B	Kalium, Kalzium, Magnesium	Fruchtsäuren, Folsäure
Guave	52	218	Betacarotin, C, K	Magnesium, Eisen, Phosphor	Folsäure
Ingwer	63	263	k. A.	k. A.	ätherische Öle
Jackfrucht	71	299	k. A.	Kalzium, Phosphor	
Johannisbrot	k. A.	k. A.	k. A.	k. A.	Fruchtzucker
Kakaoschote	k. A.	k. A.	k. A.	k. A.	Eiweiße, Fette
Kaki	69	294	Betacarotin, A, B, C, K	Eisen, Kalzium, Phosphor	Fruchtzucker
Kaktusfeige	35	146	B, C	k. A.	Fruchtsäuren
Karambole	35	147	Provitamin A, C	Kalzium, Magnesium, Phosphor	Oxalsäure
Kiwano	22	92	C	Kalzium, Magnesium, Kalium	
Kiwi	40	210	C, A, D, E	Eisen, Kalium, Kalzium	Actinidin, Fruchtsäuren
Kokosnuss	399	1669	B, C	k. A.	Fette, Ballaststoffe
Kumquat	61	210	Provitamin A, C	Kalzium, Kalium, Natrium, Magnesium	

* keine Angabe

Frucht/Gemüse	Kalorien (pro 100 g)	Joule (pro 100 g)	Vitamine	Mineralstoffe	Sonstige
Limette	28	117	C	Kalium, Kalzium, Phosphor	Fruchtsäuren
Litschi	74	316	B, C	Kalium, Phosphor, Kupfer	
Loquat	95	392	Provitamin A	Kupfer, Kalium	
Mandarine	36	150	A, B, C	Kalium, Magnesium	Fruchtsäuren
Mango	56	234	Provitamin A, B, C, E	Magnesium	
Mangostane	70	294	B, C, K	Kalzium, Phosphor, Eisen	Stärke
Maniok	130	546	k. A.	Kalzium, Phosphor	Stärke
Manna	k. A.	k. A.	k. A.	k. A.	Fruchtzucker
Melone	54	228	Provitamin A, C	Kalium, Kalzium, Eisen	Fruchtzucker
Nashi	53	222	Provitamin A, B, C	Kalium, Kalzium, Phosphor, Eisen	
Okra	33	138	A, B, C	Kalzium	Eiweiß, Kohlenhydrate
Orange	54	226	A, C, E	Kalium, Kalzium, Eisen, Magnesium	Apfelsäure, Zitronensäure
Pak-Choi	20	84	A, B, C	k. A.	
Papaya	13	55	A, B, C, E	Kalzium, Kalium, Magnesium	Papain
Passionsfrucht	k. A.	k. A.	B, C	Eisen, Kalzium, Kalium	
Pepino	50	209	A, C	Phosphor, Kalzium	
Physalis	58	243	A, B, C	Eisen, Mangan	
Pitahaya	50	210		Kalzium, Phosphor, Eisen	
Pomelo	21	86	Provitamin A, C	Kalium, Kalzium	Fruchtsäuren
Rambutan	69	297	B, C	Kalium, Kalzium, Eisen	
Salak	32	134	B_1, B_2, E, C	Phosphor, Eisen, Kalium	Kohlenhydrate
Sapodilla	113	474	A	k. A.	Phenolsäure
Sharonfrucht	69	290	A, B, C	Eisen, Mangan	
Süßholz	356	1491	k. A.	Phosphor, Kalium, Kalzium	Flavonoide, Saponine, Kohlenhydrate
Süßkartoffel	96	401	A, C	Carotin	
Tamarillo	56	240	A, C	Kalium, Eisen	Folsäure
Tamarinde	235	986	C	Kalzium, Phosphor, Kalium	Zucker, organische Säuren
Topinambur	29	121	Provitamin A, B_1, B_2, B_6, C, D	Kalzium, Phosphor, Kalium, Eisen, Natrium	Wasser, Eiweiß, Inulin
Ugli	44	183	C	k. A.	Fruchtsäuren
Yam	105	452	A, C	Kalzium, Phosphor	Eiweiß, Ballaststoffe, Kohlenhydrate
Zitrone	20	84	C	Kupfer, Kalium, Kalzium	Zitronensäure
Zitronengras	k. A.	k. A.	k. A.	k. A.	ätherische Öle, Estragol
Zuckerrohr	k. A.	k. A.	k. A.	k. A.	Fruchtzucker

Welche Küchenhelfer brauche ich?

Messer

Die entsprechenden Messer sind für alle Arbeiten in der Küche unentbehrlich. Für Früchte mit einer harten Schale wie z. B. der Durian- oder der Jackfrucht braucht man auf jeden Fall ein großes Sägemesser. Um einen sauberen Schnitt, besonders bei weichen Früchten, zu erzielen, sind Messer mit gerader Schneide in verschiedenen Größen notwendig. Kleine handliche Küchenmesser sind praktisch, um z. B. Früchte einzuritzen und die Schale abzuziehen.

Mit einem Küchenbeil kann man geschältes Zuckerrohr sehr gut teilen. Mit einem kurzen, kräftigen Sägemesser lässt sich z. B. der Strunk einer Durianfrucht sehr gut entfernen. Eine Schere wird für verschiedene Arbeiten benötigt.

Buntschneidemesser

Weiche, glatte Früchte wie z. B. Kiwis, Bananen oder Melonen können mit der gerillten Klinge in dekorative, wellenförmige Scheiben geschnitten werden.

Arbeitsbretter

Zusätzlich zu einer Glasplatte sollte man auf jeden Fall Arbeitsbretter mit einer Saftrille zur Verfügung haben. Hat eine Frucht sehr viel Saft, kann dieser so gut aufgefangen werden. Holz ist für wertvolle Messer von Vorteil, da die Schneide nicht so schnell stumpf wird.

Arbeitsunterlage aus Glas

Glas hat den Vorteil, dass es sehr hygienisch, leicht zu reinigen und geruchs- und geschmacksneutral ist. Die Glasunterlagen sind in der Regel hitzebeständig und spülmaschinenfest. Auf rutschfeste Füßchen sollte man achten. Da viele Früchte sehr intensive Fruchtsäure haben, schützt diese Unterlage gleichzeitig die Arbeitsplatte in der Küche.

Grapefruit-Besteck

Grapefruits sind quer durchgeschnitten eine sehr beliebte Frucht zum Auslöffeln. Es erfordert etwas Geschick, das Fruchtfleisch auszulöffeln, ohne dass der Saft in alle Richtungen spritzt. Speziell dafür wurde ein Besteck entwickelt. Das Messer ist vorne leicht nach oben gebogen und hat kleine Zacken. Damit wird das Fruchtfleisch von der weißen Haut getrennt. Der Löffel ist auf der einen Seite ebenfalls gezackt, sodass man leicht unter das Fruchtfleisch fahren kann.

Sparschäler
Hier gibt es verschiedene Ausführungen. Die einem Messer ähnlichen Schäler ermöglichen ein sparsameres Schälen von weichen Früchten. Sparschäler mit einem Hebelgriff können sehr gut für festere Früchte verwendet werden. Je nachdem, wie steil man den Griff hält, wird die Schale dicker oder dünner entfernt.

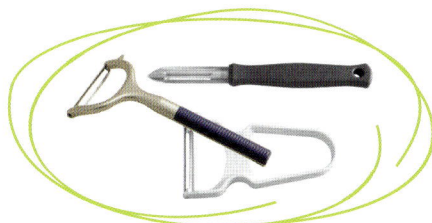

Garnierkamm, Ausstechförmchen
Mit einem Garnierkamm gestaltete Desserts, mit exotischen Früchten dekoriert, sind eine schnelle und wirkungsvolle Möglichkeit, Gäste zu verblüffen. Ausstechförmchen sind sehr vielseitig einsetzbar. Schneidet man z. B. aus der Mitte einer Kaki eine glatte Scheibe heraus und sticht diese aus, erhält man eine sehr schöne Dekoration. Hier sind der Fantasie keine Grenzen gesetzt.

Classy Cutter
Garnieren mit diesem „Classy Cutter" gibt Ihrem Arrangement einen Hauch Eleganz. Die innen liegenden Messer schneiden die Früchte raffiniert in eine Zick-Zack-Form. Die Früchte werden in den Cutter gelegt, durch einfaches Drehen des Plastikgehäuses drehen sich die Messer durch die Früch-

te, und so werden diese ganz durchgeschnitten. In der gleichen Weise können auch Tomaten, Eier, Radieschen, Erdbeeren usw. geschnitten werden. Ein sicher sehr interessantes Dekorationswerkzeug.

Ananasschneider
Für alle, die Ananas mögen, ist der Ananasschneider ein unentbehrliches Werkzeug. Von der Ananas wird der obere Teil großzügig abgeschnitten, der Schneider wird auf das Fruchtfleisch aufgesetzt und einfach eingedreht. Es werden automatisch saubere Scheiben aus der Frucht herausgeschnitten. Das Gerät wird genauso bedient wie ein Korkenzieher. Der Saft bleibt in der Ananas, die Scheiben sind ohne harte Kerne und können dekorativ serviert werden. Die Fruchtschale kann z. B. als Obstschale für einen frischen Fruchtsalat verwendet werden.

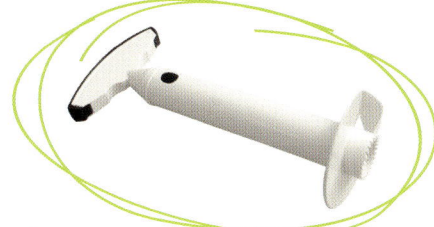

Garniermesser
Zwei Funktionen in einem: Mit der Spitze können z. B. Honigmelonen in einer optisch schönen Zick-Zack-Form halbiert werden. Um ein gleichmäßiges Ergebnis zu erzielen, wird quer um die Melone eine Linie gezogen. An dieser Linie entlang mit dem Messer rundum einstechen und die beiden Hälften auseinandernehmen. Mit der kleinen Metallwölbung auf der Schneide können in weiche Früchte, z. B. in Kiwis, Rillen eingeschnitten werden. Schneidet man die so ziselierten Früchte dann quer in Scheiben, sind diese mit schönen Zacken versehen.

Zestenreißer

Mit seinen fünf kleinen Messerchen wird die Schale von Orangen oder Zitronen abgekratzt. So erhält man schnell und einfach geriebene Schale zum Backen, Kochen und Garnieren.

Kugelausstecher

Mit diesem Ausstecher können aus Früchten gleichmäßig runde Kugeln ausgestochen werden. Den Metallkopf tief in die Frucht eindrehen und durch eine weitere Drehung das Fruchtfleisch ausstechen. Ob für einen Fruchtsalat oder zur Dekoration, diese Kugeln sind ein optischer Blickfang.

Eisportionierer

Mit dem abgebildeten Eisportionierer wird gleichmäßig über das Speiseeis gefahren. Es entsteht so eine lockenförmige Rolle.

Zitrus-Tischpresse

Mit diesem kleinen Gerät können Sie sich direkt am Tisch ein wenig frischen Zitronensaft über das Gericht träufeln. Die Zitronen werden hierzu in dünne Spalten geschnitten.

Zitronenpresse

Diese Zitronenpresse lässt die Frucht nicht austrocknen. Die Zitrone mit Druck mit der flachen Hand auf dem Tisch hin und her rollen, die Spitze abschneiden und die Spirale in die Frucht drehen. Ein leichter Druck auf die Zitrone genügt, und schon fließt frischer Saft ohne Kerne aus der Presse. Man kann die Zitrone mit dieser Presse direkt auf den Tisch stellen und dann mehrere Tage im Kühlschrank aufbewahren.

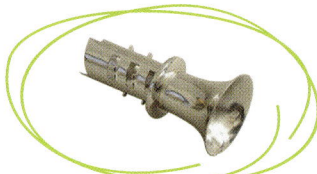

Zitrus-Handentsafter

Ein einfaches Handgerät. Die Zinken sind leicht versetzt und werden in eine Zitronenhälfte gesteckt. Durch Drücken der Frucht und gleichzeitiges Drehen der Gabel wird der Saft gewonnen. Auf diese Weise kann die Frucht bequem gehalten werden und rutscht nicht aus der Hand.

Zitronenpresse

Für Früchte bis Zitronengröße gibt es kleinere Ausführungen, die sicher in jedem Haushalt zur Verfügung stehen. Ob in Chromargan oder Kunststoff, ist nur eine Frage der Ästhetik. Wichtig ist, dass die Presse eine Auffangschale für den Saft hat. Wie bei allen Pressen ist auch hier wichtig, dass die Zitronen erst mit der Handfläche unter leichtem Druck auf dem Tisch gerollt werden. Hierdurch wird mehr Saft gewonnen. Die Früchte werden quer halbiert, die Hälften auf die Presse aufgesetzt und durch Drehen unter Druck ausgepresst.

Zitruspresse

Diese Presse hat einen größeren Durchmesser und ermöglicht das Auspressen von größeren Zitrusfrüchten wie Grapefruits oder Pomelos. Das Fruchtfleisch wird in dem Auffangsieb zurückgehalten und der Saft läuft direkt in den Auffangbehälter.

Elektrische Zitruspresse

Um eine bessere Saftausbeute zu erzielen, werden die Früchte zunächst auf einer Arbeitsfläche mit der Handfläche gerollt und gleichzeitig etwas Druck ausgeübt. Diese Geräte ermöglichen auch eine Saftausbeute mit Fruchtfleisch. Auch größere Früchte wie z. B. Grapefruits können mit diesen Geräten ausgepresst werden. Es empfiehlt sich sehr, das Gerät sofort nach dem Gebrauch zu reinigen. Angetrocknetes Fruchtfleisch zu entfernen macht mehr als die doppelte Arbeit. Besonders zu empfehlen sind frische Säfte morgens auf nüchternen Magen. Dies ist die beste Möglichkeit, den Tagesbedarf an Vitaminen zu sich zu nehmen.

Küchenmixer

Dieser kräftige Multimixer mixt, rührt und zerkleinert alles schnell und gründlich. Man kann tropische Früchte zu Cocktails mixen oder Früchte für Desserts pürieren. Wer tropische Früchte günstig bekommt, kann blitzschnell das gemixte Fruchtfleisch zu einer herrlichen Marmelade verarbeiten. Bevor noch die vielen Früchte verderben, sind auch Kleinstmengen von Marmelade für den kurzfristigen Verbrauch schnell und mit nur wenig Zucker zubereitet. Diese Marmelade ist nicht nur reich an Vitaminen, sondern auch noch gut für die Figur, denn sie enthält nur wenig Zucker. Es ist wichtig, dass ein Mixer immer zum sofortigen Gebrauch bereitsteht. Deshalb ist sinnvoll, sich einen kleineren Mixer zu kaufen, der dann aber in der Küche einen festen Platz hat.

Designer-Zitronenpresse

Wer kennt sie nicht, die langbeinige Zitronenpresse von Alessi. Sie ist sicher eines der bekanntesten Objekte des italienischen Designers. Die Früchte werden einfach auf dem Presskopf mit Druck gedreht. Der Saft läuft durch die Rillen in einen daruntergestellten Behälter. Ein Schmuckstück in der Küche für jeden, der modernes Design liebt.

ANANAS

Ananas comosus

Herkunft

Ihre Ursprünge hatte die Ananasstaude in Mittelamerika. Christoph Kolumbus entdeckte sie 1493 auf Guadeloupe. Mit seiner Rückreise machte er die Frucht in ganz Europa bekannt. 1865 kamen die ersten Ananasfrüchte von den Azoren auf dem Schiffsweg nach Europa. Heute werden sie im gesamten Tropengürtel auf Plantagen angebaut. Der Großteil der Ananasfrüchte, die bei uns auf den Markt kommen, stammt aus Südostasien.

Form, Farbe und Geschmack

Die Ananas ist ein aus 100 bis 200 Einzelfrüchten, den so genannten „Augen", bestehender Fruchtstand. Sie hat eine formen- und farbenreiche Verwandtschaft mit mehr als 100 Sorten. Ihre Farbe reicht von gelb über braunrot bis zu dunkelgrün. Am oberen Fruchtende sitzen längliche, grüne Blätter, die rosettenförmig angeordnet sind. Das saftige faserige Fruchtfleisch ist weißlich bis gelb und hat ein angenehmes süßsäuerliches Aroma.

Wirkung

Rohe Ananas wirkt entschlackend und harntreibend. Sie enthält viele Vitamine der B-Gruppe, C und A, Eisen, Kalzium und Magnesium. Ihr verhältnismäßig hoher Anteil an Fruchtsäuren kann bei übermäßigem Genuss zu einer Reizung der Mundschleimhäute führen. Wegen des hohen Holzfasergehalts muss man Ananasfruchtfleisch immer gut kauen. Der Saft der Ananas enthält das Eiweiß abbauende Enzym Bromelin, das zähes Fleisch zart macht.

1. Im Handel sind verschiedene Ananassorten erhältlich.

2. Die Babyananas ist etwa 12 bis 15 cm hoch und meist gelblich gefärbt.

3. Die gewöhnliche Ananas ist bis zu 22 cm lang.

4. Eine geviertelte Ananas ergibt eine sehr schöne Dekoration.

5. Wird das Fruchtfleisch in mundgerechte Stücke geschnitten, kann es ebenfalls dekorativ angerichtet werden.

Was Sie beim Kauf und der Verwendung beachten sollten

Die Ananas ist nur in reifem Zustand genießbar. Anhand ihrer Farbe kann man allerdings nicht auf ihre Reife schließen, denn auch grüne Ananasfrüchte können reif sein. Reife Früchte erkennt man an ihrem intensiven Duft am Stielansatz. Die Frucht muss außerdem auf Fin-gerdruck elastisch nachgeben und die Blätter am Stielansatz müssen sich mühelos herauszupfen lassen. Die Ananas muss kühl und trocken aufbewahrt werden, am besten bei ca. 8° C. Legen Sie die Frucht aber nicht in den Kühlschrank. Dort bekommt sie schwarze Flecken und verliert ihr Aroma. Nur angeschnittene Früchte gehören in den Kühlschrank.

Mandeleis auf Ananastarte

Zutaten:
Für 4–6 Personen

Für den Plunderteig:
1 Würfel frische Hefe (ca. 40 g)
¼ l lauwarme Milch
100 g Honig, z. B. Akazien- oder Kleehonig
500 g fein gemahlenes Dinkelvollkornmehl, alternativ Weizenvollkornmehl
50 g zimmerwarmes Butaris
2 Eier Größe M
1 TL Salz
250 g kaltes Butaris

Für das Eis:
1 EL Honig, z. B. Akazien- oder Kleehonig
100 g geröstete, grob gehackte Mandeln
1 Tropfen Mandelöl
4–6 Portionen Vanilleeis, leicht angetaut

Für den Belag:
1 EL Cointreau, alternativ Orangensaft
4 EL Aprikosenmarmelade
¼ Ananas, geschält und in Scheiben geschnitten
Kakaopulver und Leberblümchen zum Garnieren

Zubereitung:

1. Für den Teig die zerbröckelte Hefe in der lauwarmen Milch mit dem Honig verrühren, dann mit dem Mehl, dem zimmerwarmen Butaris, den Eiern und dem Salz verkneten und 20 Minuten gehen lassen.

2. Den Teig auf 30 x 40 cm Größe ausrollen. Das kalte Butaris in dünne Scheiben schneiden und zwischen zwei Klarsichtfolien auf 15 x 20 cm Größe ausrollen.

3. Das Butaris von der Folie lösen und auf eine Hälfte der Teigplatte legen. Die unbelegte Teigseite über das Butaris schlagen und den Teig auf 30 x 60 cm ausrollen. Von oben und unten je ein Drittel des Teiges zur Mitte einschlagen. Den Teig in Klarsichtfolie packen und eine Stunde kühl stellen. Das Teigpaket nochmals auf 30 x 60 cm ausrollen, wieder je ein Drittel von oben und unten zur Mitte einschlagen und wieder in Folie gepackt kühl stellen.

Diesen Vorgang noch ein weiteres Mal wiederholen. Den Backofen auf 220° C, Gas Stufe 4–5, Umluft 200° C vorheizen. Für den Teigboden den Plunderteig ausrollen, aus dem Teig Kreise von etwa 10 cm Durchmesser ausstechen und ca. zehn Minuten backen.

4. Für das Eis den Honig, die Mandeln und das Mandelöl nur so weit unter das cremige, nicht ganz tiefgekühlte Vanilleeis mischen, dass die Eismasse marmoriert erscheint. Eiskugeln formen, diese auf ein mit Klarsichtfolie ausgelegtes Blech setzen und tiefkühlen.

5. Für den Belag den Cointreau mit der Marmelade vermischen. Die Mischung auf den gebackenen Plunderteigstücken verteilen, jeweils eine Ananasscheibe und obenauf eine Eiskugel setzen. Das Ganze mit Kakaopulver und ein paar Leberblümchen garnieren und gleich servieren.

Annonaceae

Herkunft

Die Familie der Annonenge-
wächse umfasst 120 Arten, die
alle im tropischen Amerika heimisch sind, mittlerweile aber im
gesamten Tropengürtel der
Welt angebaut werden. Für den
Export nach Mitteleuropa spie-
len vor allem vier Annonenarten
eine Rolle: die Schuppenannone, die Cherimoya, die Netz-
und die Stachelannone. Von
ihnen gelten die Cherimoya
und die Schuppenannone als
deren schmackhafteste und
bekömmlichste Vertreterinnen.

Form, Farbe und Geschmack

Die verschiedenen Annonensorten werden zwischen 0,5 und
3 kg schwer. Gemeinsam haben
sie alle, dass sie auf ihrer Oberfläche fünfeckige Felder haben,
die wie ein Netz angeordnet
sind. Bei der Schuppenannone
sind es sogar regelrechte
Schuppen, die dachziegelartig
übereinanderliegen. Die Farbe
der Annonen variiert zwischen
Hell- und Satt- oder schwärzli-
chem Grün. Das weißliche, leicht
bläulich schimmernde, süßsäu-
erliche Fruchtfleisch der Annonen ist von vielen dunklen,
ungenießbaren Kernen durchsetzt, die vor der Zubereitung
entfernt werden müssen, weil
sie giftig sind.

Wirkung

Das leicht verdauliche Fruchtfleisch der Cherimoya enthält reichlich Vitamin C, Vitamine der B-Gruppe, Kalzium, Phosphor und Traubenzucker. Die Stachelannone hat einen hohen Gehalt an Apfel- und Zitronensäuren. Ihr Saft wirkt harntreibend und fiebersenkend.

Was Sie beim Kauf und der Verwendung beachten sollten

Die empfindlichen Früchte werden unreif und hart vom Baum genommen und per Luftfracht bei sehr niederen Temperaturen stoßsicher verschickt. Zum Nachreifen schlägt man sie einfach in Zeitungspapier ein. Sie sind reif, wenn sich die Haut schwärzlich verfärbt hat und auf leichten Druck nachgibt. Dann sollten die Früchte auch sofort verzehrt werden. In den Läden und auch zuhause sollten sie kühl (aber nicht im Kühlschrank) gelagert werden. Um zu vermeiden, dass sich angeschnittenes Fruchtfleisch verfärbt, beträufeln Sie es sofort mit Limetten- oder Zitronensaft. So wird das Aroma der Früchte auch zusätzlich hervorgehoben. Achtung: Der Saft der giftigen Annonenkerne kann bei Kontakt mit den Augen zum Erblinden führen!

1. Die Schuppenannone ist, wie ihre ganze Familie, sehr empfindlich. Sehr schnell wird die schuppenartige Schale dunkel.

2. So werden Annonen verarbeitet: Mit einem großen, scharfen Messer wird die Frucht vorsichtig geteilt.

3. Die nicht essbaren Kerne werden mit einem Messer oder einer Gabel aus den Hälften entfernt. Das Fruchtfleisch kann mit einem Messer vorsichtig herausgetrennt werden. Gut eignet sich dazu ein Grapefruitmesser.

4. Mit einem kleinen Löffel kann das Fruchtfleisch direkt aus der Schale gelöffelt werden.

5. Die Stachelannone ist ca. 25 cm lang und hat einen Durchmesser von ca. 12 cm.

6. Die Schale der Stachelannone ist etwas weicher und genauso empfindlich wie bei allen Annonensorten.

7. Das Fruchtfleisch kann einfach ausgelöffelt und direkt gegessen werden.

Annonen-Eisdessert

Zutaten:

Für 4 Personen

2 Schuppenannonen, Erdbeer-Joghurt-Eis Karambolescheiben, Physalis und rote Johannisbeeren zum Dekorieren

Zubereitung:

1. Die Schuppenannonen mitten durchschneiden und das Fruchtfleisch wie in der Bildfolge beschrieben herausnehmen.

2. Das Fruchtfleisch in die Annonenhälften einfüllen und das Erdbeer-Joghurt-Eis mit einem Eisportionierer dazugeben.

3. Die Karambole und die Johannisbeeren waschen. Die Teller mit der in Scheiben geschnittenen Karambole, den Physalis und den roten Johannisbeeren dekorieren und mit dem Eisdessert servieren.

Artischocke

Cynara scolymus

Herkunft

Die Artischocke ist die noch geschlossene Blütenknospe einer distelähnlichen Pflanze aus der Familie der Korbblütler. Die frostempfindliche Artischocke stammt aus dem Mittelmeerraum und Nordafrika. Schon zur Zeit der Pharaonen wurde sie kultiviert und als kulinarische Spezialität gehandelt. Heute wird sie in Italien, Spanien, Frankreich, der Türkei, Israel und Marokko angebaut. In Afrika und Asien ist die Artischocke als Gemüse nicht sehr verbreitet.

Form, Farbe und Geschmack

Die grün-violetten Artischocken gibt es in verschiedenen Größen und Formen von rund bis länglich. Bei uns bevorzugt man die große runde Form, weil sie einen besonders breiten, fleischigen Boden hat. Meist sind Artischocken faustgroß, es gibt aber auch Köpfe, die nur einen Durchmesser von 5 bis 7 cm haben. Ihr Geschmack ist fein-herb bis zartbitter.

Wirkung

Artischocken schreibt man eine Appetit anregende und Blut reinigende Wirkung zu. Sie haben positive Auswirkungen auf den Cholesterinwert im Blut und regen durch ihren Bitterstoff Cynarin den Stoffwechsel von Leber und Galle an. Sie enthalten überdurchschnittlich viel Phosphor und Magnesium.

Was Sie beim Kauf und der Verwendung beachten sollten

Die Artischockenköpfe müssen beim Einkauf noch fest geschlossen sein. Sind sie es nicht, schmecken sie faserig und

streng. Sie dürfen keine braunen Spitzen haben und sollten frisch und grün aussehen. Verarbeiten Sie die Artischocken immer so schnell wie möglich, denn durch längeres Liegen verlieren sie ihren Saft und bekommen einen faserigen Beigeschmack. Bereits gekochte Artischocken essen Sie am besten noch am gleichen Tag.

Artischockensalat „Lightlife"

Zutaten:

Für 4 Personen

4 große Artischocken
100 g Kirschtomaten
½ kleiner Friséesalat
je 5 grüne und schwarze Oliven
2 rote Zwiebeln

1 Knoblauchzehe
2 EL Weißweinessig
3 EL Olivenöl
200 g küchenfertige Krabben
150 g LEERDAMMER Lightlife®
Salz
frisch gemahlener Pfeffer
Zucker

Zubereitung:

1. Die Artischocken vorbereiten wie in den Schritten 1 bis 4 beschrieben.

2. Einen Rand aus gestutzten Blättern um den Boden stehen lassen, das Fruchtfleisch aus den übrigen Blättern mit einem Löffel herauskratzen und zur Seite stellen.

3. Die Kirschtomaten waschen und je nach Größe halbieren oder vierteln. Den Friséesalat in Blätter zerteilen, waschen und in Streifen, die Oliven in Scheiben schneiden.

4. Die Zwiebeln abziehen und in Ringe schneiden. Den Knoblauch abziehen, zerdrücken, mit Essig und Öl verrühren, mit Salz, Pfeffer und Zucker abschmecken und mit den Tomatenstücken, den Salatblättern, den Olivenscheiben, Zwiebelringen, Krabben und dem herausgekratzten Artischockenfruchtfleisch vermischen.

5. Den Käse in Würfel schneiden. Den Salat in die Artischocken füllen, mit den Käsewürfeln bestreuen und nach Wunsch mit frischem Baguette servieren.

1. Legen Sie die Artischocken kurz in Salzwasser. Anschließend schneiden Sie den Stiel heraus und zupfen die äußeren Blätter ab, damit sich die harten Fasern lösen.

2. Reiben Sie Schnittstellen sofort mit Zitronensaft ein, damit sie sich nicht verfärben. Stutzen Sie die Blattspitzen mit einer Schere.

3. Stacheligen Sorten schneiden Sie den oberen Kopfteil einfach komplett ab.

4. Kochen Sie die Köpfe in reichlich Salzwasser und Essig oder Zitronensaft je nach Größe 20 bis 30 Minuten. Lassen Sie die Artischocken nicht zu weich werden. Sie sind gar, wenn sich die Blätter leicht herausziehen lassen. Nach dem Auskühlen zupfen Sie

die inneren Blätter heraus und können nun mit einem Teelöffel das ungenießbare „Heu" herausheben, um die Artischocken zu füllen.

5. Sie können die gekochten Köpfe aber auch halbieren, um das Heu herauszuheben. Beim Verzehr zupfen Sie die Blätter von außen her ab und tauchen das untere fleischige Ende in einen Dip oder eine Soße. Ziehen Sie dann das Blatt am unteren Ende durch die Zähne.

6. Nach dem Abzupfen der Blätter bleibt der Boden mit einem ungenießbaren faserigen Flaum – dem „Heu" – übrig.

7. Entfernen Sie das Heu und genießen Sie den unglaublich delikaten Artischockenboden.

Aubergine

Solanum melongena

Herkunft

Die Aubergine ist ein Nacht-schattengewächs und wird auch Eierfrucht genannt. Ihre Ursprün-ge hat sie in Südindien und wurde von den Arabern in Spa-nien und dann in ganz Europa bekannt gemacht. Damit ist sie eines der wenigen Schattenge-wächse, die nicht aus der „Neuen Welt" Südamerika stam-men, sondern von der Alten Welt zum Speiseplan beigesteu-ert wurden. Seit dem 16. Jahr-hundert wird die Aubergine

auch in allen Mittelmeerländern und wärmeren Ländern Europas erfolgreich angebaut. Bei uns wachsen sie nur unter Gewächs-hausbedingungen, weil die Pflanze sehr spät blüht.

Form, Farbe und Geschmack

Die Aubergine ist in Farbe und Form sehr variabel. Es gibt weiße, gelbe, gefleckte, rote oder schwarze Früchte in Ei-, Keulen- oder Birnenform. Bei uns sieht man die keulenförmige schwarz-

1. Reife Früchte erkennt man an der matt glänzenden, glatten Schale. Zur Vorbereitung die Auberginen mit dem Stiel waschen.

2. Den Stielansatz abschneiden und die Früchte der Länge nach in der Mitte durch-schneiden. Die kleinen Kerne im Fruchtfleisch müssen noch weiß, weich und milchig sein.

3. Anschließend schneiden Sie die Früchte in ca. 1 cm dicke Scheiben.

4. Salzen Sie die Scheiben von beiden Seiten oder beträufeln Sie diese mit Zitronensaft, damit die Bitterstoffe aus den Früchten geschwitzt werden. Das Ganze 15 bis 20 Minu-ten ziehen lassen.

5. Jetzt waschen Sie die Schei-ben ab und tupfen sie vor der Weiterverarbeitung mit etwas Küchenkrepp gründlich tro-cken. Sonst saugen sie beim Braten, Grillen usw. Unmen-gen an Fett auf.

violette Frucht mit einer Länge von ca. 20 cm am häufigsten. Sie hat eine glatte glänzende Schale, einen kleinen Blattkranz am Stiel und weißes Fruchtfleisch mit kleinen essbaren Kernen. Auberginen haben keinen besonderen Eigengeschmack.

Wirkung

Auberginen regen den Stoffwechsel an und wirken im Darm entzündungshemmend. Sie sind ein äußerst kalorienarmes Gemüse, das kaum Fett enthält. Daher eignen sie sich wunderbar für Diabetiker und Abnehmwillige. Außerdem beinhalten sie viele fettlösliche Ballaststoffe, die das gefährliche LDL-Cholesterin binden und senken können.

Was Sie beim Kauf und der Verwendung beachten sollten

Achten Sie darauf, dass die Frucht eine pralle, glatte und matt glänzende Haut hat und der Stielansatz grün und frisch aussieht. Unreife Früchte erkennen Sie daran, dass sie auf leichten Fingerdruck nicht nachgeben. Solche Früchte müssen Sie unbedingt noch bei Zimmertemperatur nachreifen lassen, denn unreife Auberginen sind leicht giftig, weil sie Solanin enthalten! Auberginen können nicht roh verzehrt werden. Man kann sie kochen, dünsten, braten, grillen oder füllen. Die dünne Schale können Sie übrigens mitessen. Sie enthält wertvolle Aromastoffe. Verwenden Sie Auberginen möglichst frisch.

Gegrillte Hähnchenbrust mit gefüllten Auberginen

Zutaten:
Für 4 Personen

4 Hähnchenbrustfilets
1 grüne Paprikaschote
2 rote, mittelgroße Zwiebeln
8 EL Kühne Knoblauchsoße
2 kleine Auberginen
50 g getrocknete Tomaten in Öl
150 g Ziegenkäse
Salz
4 Metallspieße
Zahnstocher

Zubereitung:

1. Die Hähnchenbrustfilets unter kaltem, fließendem Wasser abwaschen, trocken tupfen und in ca. 3 x 3 cm große Würfel schneiden. Die Paprikaschote halbieren, entkernen, waschen und ebenfalls in Würfel schneiden. Die Zwiebeln schälen und in jeweils sechs Segmente schneiden.

2. Alle Zutaten abwechselnd auf vier Metallspieße stecken, mit vier Esslöffeln von der Knoblauchsoße bestreichen und diese kurz einziehen lassen.

3. In der Zwischenzeit die Auberginen waschen, putzen, der Länge nach in ca. 1 cm dicke Scheiben schneiden und mit Salz bestreuen. Die Tomaten und den Ziegenkäse in kleine Würfel schneiden. Die Ziegenkäsewürfel und einen Großteil der Tomatenwürfel mit der restlichen Knoblauchsoße verrühren.

4. Die Auberginenscheiben mit der Tomaten-Ziegenkäse-Creme bestreichen, jeweils zwei Scheiben übereinanderlegen, mit Zahnstochern fixieren und mit den Hähnchenspießen auf dem Grill auf Grillschalen zubereiten.

5. Nach Wunsch mit Knoblauchsoße und Tomatensalat servieren und mit den restlichen Tomatenwürfeln garnieren.

Avocado

Persea americana

Herkunft

Die Avocado gehört zu den Lorbeergewächsen. Der Avocadobaum ist der einzige unter den Lorbeergewächsen, der Früchte liefert. Sie werden unreif und hart geerntet, da sie am Baum nicht reif und weich werden. Schon vor über tausend Jahren kultivierten die Maya und Azteken in den Bergwäldern Mittelamerikas Avocadobäume. Heute wird die Avocado in zahlreichen Sorten im gesamten Tropengürtel angebaut. Deutschland bekommt seine Avocadolieferungen meist aus Israel oder Südafrika.

Form, Farbe und Geschmack

Je nach Sorte sind die Avocados birnen- oder apfelförmig. Ihre Farbe variiert von hell- oder dunkelgrün bis schwarzviolett. Die Außenschale ist glatt und glänzend bis leicht oder stark gerunzelt. Das Fruchtfleisch ist weißlich grün bis gelblich. Im Inneren liegt ein ovaler bräunlicher, nicht essbarer Kern. Die Avocado hat einen zarten, cremig-nussigen Geschmack. Die Früchte einiger Sorten können bis zu 1 kg wiegen. Meist werden sie ca. 20 cm lang.

Wirkung

Avocados sind reich an mehrfach ungesättigten Fettsäuren, Vitaminen der B-Gruppe und Vitamin E sowie an den Mineralstoffen Kalzium, Eisen und Kalium. Das Fruchtfleisch hat einen Fettgehalt von bis zu 30 %, die Pflanzenfette sind aber leicht verdaulich. Die Früchte haben einen hohen Eiweißgehalt von 2 bis 3 %. Avocados sind gut für Herz und Gefäße und senken durch die mehrfach ungesättigten Fettsäuren den Cholesterinspiegel.

Was Sie beim Kauf und der Verwendung beachten sollten

Avocados müssen zum Verzehr reif sein, nur so entfalten sie ihr feines Aroma. Sie werden im Handel meist aber nicht ganz reif angeboten. Um den Reifeprozess zu beschleunigen, schlägt man sie am besten in Zeitungspapier ein oder bewahrt sie zusammen mit einem Apfel auf. Reif sind die Früchte, wenn die Schale auf leichten Fingerdruck nachgibt. Das reife Fruchtfleisch, das sich wie Butter streichen lässt, wird meist roh verzehrt, da es erhitzt schnell bitter schmeckt. Auch beim Einfrieren von Avocados entstehen Bitterstoffe. Achtung: Der Avocadosaft hinterlässt auf Textilien Flecken, die kaum zu entfernen sind.

1. Wilde Avocados bekommt man sehr selten und sie sind recht teuer. Sie sind keulenförmig und haben eine auberginenfarbene Schale. Ihr Fruchtfleisch kann, wenn es reif ist, hellbraune Flecken zeigen. Die Sorte „Fuerte" ist am verbreitetsten. Sie ist birnenförmig mit einer glatten grünen Schale und aromatischem Fruchtfleisch. Die fast schwarze Sorte „Hass" mit ihrer runzeligen Schale hat ein exzellentes Aroma und wohl den besten Geschmack von allen Avocado-Sorten. Hier sollte man sich nicht von ihrem Aussehen beeinflussen lassen.

2. Avocados werden rundum bis zum Kern eingeschnitten. Die Hälften lassen sich voneinander lösen, indem Sie diese mit beiden Händen gegeneinanderdrehen.

3. Jetzt können Sie den Kern herausheben.

4. Wenn Sie die Avocado füllen möchten, heben Sie einen Teil des butterweichen Fruchtfleisches mit einem Löffel heraus.

5. Für Avocado-Creme heben Sie den gesamten Inhalt mit einem Löffel heraus, geben ihn in eine Schüssel und pürieren ihn sofort.

6. Beträufeln Sie das Fruchtfleisch mit Zitronen- oder Limettensaft, damit es sich nicht verfärbt.

Beautydrink „Schöne Haut"

Zutaten:
Für 1 Glas

¼ Avocado
1 EL Limetten- oder Zitronensaft
150 ml Buttermilch
Salz, Pfeffer
etwas Knoblauch
Schnittlauchröllchen zum Garnieren

Zubereitung:

1. Mit einem Löffel das Fruchtfleisch der Avocado wie beschrieben herauslösen und sofort mit Limetten- oder Zitronensaft beträufeln.

2. Das Fruchtfleisch mit der Buttermilch im Mixer gut verquirlen und anschließend mit Salz, Pfeffer und etwas Knoblauch pikant abschmecken.

3. Das Ganze in ein Kelchglas füllen, mit Schnittlauchröllchen bestreuen und servieren.

BABACO
Carica pentagona

Herkunft

Die Babaco ist die Frucht eines kleinen, ca. 3 m hohen Baumes. Ihre Heimat sind die Anden. Die Hauptanbaugebiete sind Ecuador und Neuseeland, die Früchte werden inzwischen aber auch in Europa angebaut. Die Babaco ist eine Verwandte der uns besser bekannten Papaya und erfreut sich bei uns immer größerer Beliebtheit.

Form, Farbe und Geschmack

Die gurkenähnlichen, fünfeckigen Früchte können eine Länge von bis zu 30 cm erreichen und etwa 12 cm dick werden. Die Schale ist dunkelgrün, bei der reifen Frucht wird die Schale gelb. Das Fruchtfleisch ist gelblich weiß. Babacos sind sehr saftig, süß und aromatisch. Sie schmecken nach Erdbeeren, Papaya und Ananas.

Wirkung

Babacos haben einen hohen Vitamin-C-Gehalt. Außerdem haben sie wie die verwandte Papaya einen hohen Gehalt an dem Eiweiß spaltenden Enzym Papain, das zu viel Magensäure neutralisiert und die Verdauung fördert.

Was Sie beim Kauf und der Verwendung beachten sollten

Noch nicht ganz reife Babacos können als Beilage gekocht oder gedünstet wie Gemüse behandelt werden. Unreife Früchte reifen in Zeitungspapier eingepackt bei Zimmertemperatur gut nach. Reife Früchte erkennen Sie daran, dass die grüne Schale gelbe Flecken bekommt. Am aromatischsten sind die Früchte jedoch, wenn die Schale komplett gelb ist. Babacos können im reifen Zustand mit der Schale verzehrt werden oder zu Obstsalat oder Getränken verarbeitet werden. Selbst ohne Kühlung sind Babacos mehrere Wochen lagerfähig, vollreife Früchte halten sich noch einige Zeit im Kühlschrank.

1. Die grüne, unreife Babaco sieht wie eine Gurke aus. Waschen Sie die Frucht vor der Verarbeitung gründlich.

2. Das Fruchtfleisch ist gelblich weiß. Im Inneren der Frucht ist ein Hohlraum.

3. Wer die Schale nicht essen möchte, kann die Frucht mit einem Sparschäler schälen. Das schwammige weiße Gewebe im Innenteil muss entfernt werden.

4. Die hier geschälte Frucht der Länge nach in Streifen schneiden und die Streifen würfeln.

5. Damit sich das Fruchtfleisch nicht verfärbt, beträufeln Sie es sofort nach dem Würfeln mit Limetten- oder Zitronensaft.

Babaco-Fruchtsalat

Zutaten:
Für 4 Personen

1–2 reife Babacos
Saft einer Limette
4 EL Zucker

Zubereitung:

1. Die Babacos wie in der Bildfolge beschrieben vorbereiten und würfeln.

2. Die Babacowürfel mit dem Limettensaft und dem Zucker abschmecken.

3. Das Ganze in Dessertschalen füllen und servieren.

Tipp: Babacos können jederzeit auch als Vorspeise serviert werden. Der Zucker wird dann weggelassen. Wer einen bunten Fruchtsalat haben möchte, kann die Babacowürfel mit Orangen, Erdbeeren, Ananas oder auch mit exotischen Früchten wie Kaki oder Physalis mischen.

Bambussprossen

Dendrocalamus asper

Herkunft

Der Bambus ist ein schlanker Baum mit festen, harten Stämmen und gehört zu den Gräsern. Eine Besonderheit ist, dass er, je nach Sorte, nur in sehr großen Abständen zwischen 10 und 120 Jahren blüht. Seine ursprüngliche Heimat ist Südostasien. Heute wird Bambus in allen tropischen Ländern angebaut. Bambus wächst bevorzugt an feuchten Standorten und kann eine Höhe von 25 Metern erreichen.

Form, Farbe und Geschmack

Bambussprossen sind die jungen, unterirdisch wachsenden Triebe des Bambusbaumes, die als Gemüse gegessen werden. Sie haben eine gelbliche bis hellbraune Farbe und eine zylindrische Form. Frischer Bambus ist bei uns selten zu erhalten, daher muss man meist auf in Dosen konservierten Bambus zurückgreifen. In den Dosen sind mehrere ca. 10 cm lange, geschälte Stücke enthalten. Je nach Triebabschnitt sind die Stücke unterschiedlich dick.

Wirkung

In Bambussprossen ist reichlich Vitamin C vorhanden, außerdem die Vitamine E und die der B-Gruppe. Daneben enthält Bambus mit 470 mg pro 100 g einen sehr hohen Anteil Kalium. Junge, frische Bambussprossen sind reich an Silizium, das ein wichtiger Baustoff für Haut, Haare, Nägel und Knochen ist und gegen Depressionen helfen soll.

1. So sehen die jungen, hellgelben Sprossen einiger Bambusarten aus.

2. Schneiden Sie die Sprossen in etwa 5 cm lange Stücke. Wenn Sie Sprossen aus der Dose verwenden, lassen Sie diese vor der Verarbeitung gut abtropfen.

3. Die Stücke in etwa 2 mm dünne Scheiben ...

4. ... und anschließend in kleine Stifte schneiden.

Was Sie beim Kauf und der Verwendung beachten sollten

Bambussprossen werden ähnlich wie Spargel gestochen. Sie müssen noch zart und dürfen nicht verholzt sein. Frische Bambussprossen sind feucht, leicht glänzend und dürfen keine braunen Flecken haben. Sie sind nicht lange haltbar. Ob frische Sprossen oder in Dosen – sie eignen sich in Stifte geschnitten sehr gut zum Kochen und Braten im Wok, für Suppen und Salate. Da einige Arten Stoffe enthalten, aus denen sich bei der Verdauung Blausäure entwickelt, darf man sie auf keinen Fall roh verzehren, sondern muss sie immer vorher kochen.

Asiatische Gemüsepfanne mit Bambussprossen

Zutaten:
Für 4 Personen

2 Karotten
2 Frühlingszwiebeln
1 Stück Lauch
150 g Bambussprossen
1 rote Paprikaschote
5–6 Blatt Chinakohl
150 g Broccoli
150 g Sojabohnen-Keimlinge
3 getrocknete Mu-Err-Pilze
2 Zwiebeln
1 Knoblauchzehe

300 g Basmatireis Müller's Mühle
3 EL Sonnenblumenöl
4 EL Sojasoße
1 TL Zucker
Salz
Ingwerpulver
Chilipulver
Koriander
1 Tasse Gemüsebrühe
1–2 TL Stärke oder Soßenbinder

Zubereitung:

1. Karotten, Frühlingszwiebeln, Lauch, Bambussprossen, Paprikaschote, Chinakohl und Broccoli putzen und waschen. Die Sojabohnen-Keimlinge abtropfen lassen, die Mu-Err-Pilze waschen, in reichlich Wasser 15 Minuten kochen und anschließend klein schneiden.

2. Die Karotten in rautenförmige Stücke, die Frühlingszwiebeln quer in 2 cm breite Stücke, den Lauch in Ringe, die Bambussprossen und die Paprikaschote in Stücke und den Chinakohl in daumenbreite Streifen schneiden. Die Broccoliröschen halbieren, die Zwiebeln schälen und in Ringe, den Knoblauch schälen und in Scheiben schneiden.

3. Den Reis nach Packungsanweisung zubereiten, abschütten und gut abtropfen lassen.

4. Inzwischen das Öl in einem Wok erhitzen und das Gemüse darin braten, sodass es noch schön knackig bleibt. Die Sojasoße und den Zucker hinzugeben und alles mit Salz, Ingwer, Chili und Koriander kräftig würzen.

5. Die Gemüsebrühe angießen und die Stärke bzw. den Soßenbinder hinzugeben. Die Soße aufkochen, nachwürzen und das Gemüse mit dem Reis servieren.

Tipp: Trinken Sie dazu eine Flasche Dinkula. Das fördert die Verdauung und stärkt das Immunsystem.

BANANE

Musa acuminata

Herkunft

Die bis zu 10 Meter hohe Bananenstaude stammt ursprünglich aus Südostasien, wo auch Alexander der Große sie kennen und schätzen lernte. Die Araber haben sie schon im 6. Jahrhundert im Mittelmeerraum bekannt gemacht. Ihren Namen hat die Frucht daher auch von dem arabischen „banan", was so viel bedeutet wie „Finger". Heute wächst sie überall in den Tropen, wo sie in Plantagen kultiviert wird. Sie zählt zu den ältesten bekannten Kulturpflanzen der Welt und gehört zu den wichtigsten Nutzpflanzen der Weltwirtschaft.

Form, Farbe und Geschmack

Es gibt Obstbananen, Kochbananen, rote Bananen, Apfelbananen und Babybananen. Die bekanntesten sind die Obstbananen. Sie sind 15 bis 20 cm lang und leicht gebogen, weil die Früchte zuerst nach unten wachsen, sich dann aber dem Licht entgegen nach oben recken. Sobald die noch grünen, unreifen Früchte eine bestimmte Größe erreicht haben, werden sie geerntet und verschickt. In den Bestimmungsländern erlangen sie in so genannten Bananenkammern, die ihrer natürlichen Umgebung entsprechen, ihre volle Reife und Süße. Sie haben dann ein weiches, helles Fruchtfleisch und einen mild-süßlichen Geschmack mit leichter, angenehmer Säure. Ihre Schale ist goldgelb mit braun-schwarzen Streifen und gibt bei Druck leicht

nach. Die größeren Kochbananen, auch Mehlbananen genannt, können nicht roh verzehrt werden, da sie viele Gerbstoffe enthalten. Sie werden gekocht, gebacken, gebraten oder getrocknet. Babybananen, auch Gelbe Zuckerbananen genannt, ähneln den Obstbananen. Sie sind aber noch süßer und aromatischer im Geschmack. Rote Obstbananen kommen aus Malaysia und unterscheiden sich durch die dunkelrote Schale und ihr leicht rötliches Fruchtfleisch. Sie entfalten ihren vollen Geschmack erst beim Erhitzen.

Wirkung

Die Obstbanane gehört zu den gesündesten Früchten. Das Fleisch der Obstbanane enthält sehr viel Traubenzucker. Die Frucht ist reich an Vitamin A, E,

1. Bei uns sind vor allem Obstbananen durch ihre Nährstoffe ein beliebtes Nahrungsmittel für Kinder.

2. Bananen lassen sich leicht schälen: Reißen Sie den Stiel ein und ziehen Sie die einzelnen Bahnen einfach ab.

3. Babybananen unterscheiden sich lediglich durch ihre Größe und ihr volleres Aroma. Sie sind in ihrer Form gerader. Geschält werden sie wie die Obstbanane.

4. In Scheiben oder Würfel geschnitten, eignen sie sich auch gut als Dekoration. Die Babybanane ist dann besonders dekorativ.

B_1, B_2, B_6, Niacin und C und enthält viele Mineralstoffe wie Kalium, Phosphor, Eisen und Magnesium. Bananen sind schmack- und nahrhaft, sättigen und wirken leicht stopfend.

Was Sie beim Kauf und der Verwendung beachten sollten

Soll die Obstbanane länger aufgehoben werden, empfiehlt es sich, eine grünlich gelbe zu wählen. Bei Zimmertemperatur reift sie rasch nach. Nicht zu empfehlen sind dagegen harte, noch grüne oder sehr weiche Früchte, die bereits dunkelbraune oder gar schwarze Hautflecken aufweisen. Bananen sollten von anderen Früchten getrennt aufbewahrt werden, da ihre Schale Äthylen abgibt, welches die Reife benachbarter Früchte beschleunigt. Am besten halten sie sich an einem kühlen, trockenen Platz. Bananen gehören nicht in den Kühlschrank, weil sie dort an Aroma verlieren. Unreife, grüne Bananen eignen sich nicht für den Verzehr. Obstbananen sind vollreif, wenn sich auf der gelben Schale kleine braune Punkte bilden.

Grüne und bereits nachgereifte gelbe Kochbananen.

Scharfe Bananen-Lasagne

Zutaten:
Für 4 Personen

2 Orangen, 1 kleine Papaya,
2 Bananen, 200 g Erdbeeren
3 Eier
50 g Butter
50 g Zucker
1 Prise Salz
250 g Schmant, 500 g Quark
5 EL Milch
2 Päckchen Vanillesoßenpulver
zum Kochen à 16 g
Mark von 2 Ostmann Echte
Bourbon-Vanille im Glasröhrchen
½–1 TL Ostmann Zimt,
gemahlen
¼–½ TL Ostmann Chili-Würzer
ca. 8 Lasagneplatten
Fett für die Form
2 EL Mandelblättchen

Zubereitung:

1. Orangen, Papaya und Bananen schälen. Die Erdbeeren waschen, die Orangen filetieren, die Papaya halbieren, die Kerne entfernen und mit Bananen und Erdbeeren in Stücke bzw. Scheiben schneiden.

2. Die Eier trennen und die Eigelbe zusammen mit 40 g von der Butter, dem Zucker sowie dem Salz schaumig schlagen. Schmant, Quark, Milch und Vanillesoßenpulver unterrühren und mit dem Bourbon-Vanillemark, dem Zimt und dem Chili-Würzer pikant würzen. Dann das Eiweiß zu steifem Schnee schlagen und unter die Quarkcreme ziehen.

3. Die Lasagneplatten, die Fruchtstücke und -scheiben sowie die Quarkcreme schichtweise in eine gefettete Gratinform füllen, mit der Quarkcreme abschließen, mit den Mandelblättchen bestreuen und im vorgeheizten Backofen bei 180° C, Gas Stufe 2–3, Umluft 160° C ca. 30 bis 40 Minuten gratinieren.

4. Die fertige Lasagne etwas abkühlen lassen, in Stücke schneiden, auf Tellern verteilen und mit etwas Chilipulver bestäubt servieren.

Bittergurke

Momordica charantia

Herkunft

Die Bittergurke wird auch Balsambirne oder Karela genannt. Sie ist ein Kürbisgewächs, das in drei bis zehn Meter hohen Ranken wächst. Die meisten Arten haben ihre Heimat in Afrika. Heute werden sie hauptsächlich in Südostasien und dem tropischen Südamerika angebaut. Bei uns gelangt dieses Gewächs höchstens als Import aus Thailand oder den Niederlanden auf den Markt. Bittergurken werden unreif geerntet, da an der Pflanze gereifte Früchte bei voller Reife aufplatzen.

Form, Farbe und Geschmack

Die Bittergurke ist ein gurkenähnliches, bis zu 20 cm lang wachsendes, hellgrünes Gewächs mit warzig-höckriger, gefurchter Schale. Sie ist in Größe und Beschaffenheit der äußeren Haut sehr unterschiedlich. Je nach Reifegrad verfärbt sie sich von grün über gelb bis orange, ihr Fruchtfleisch verändert sich dabei von hellgrün zu gelb. Die rötlichen Samenkörner sind oval und flach. Wenn Sie zum Beispiel Chicorée als sehr bitter empfinden, sollten Sie Bittergurken erst gar nicht probieren.

1. Bittergurken gibt es in sehr unterschiedlichen, zum Teil faszinierenden Strukturen der Schalen. Sie sind aber alle für unser Empfinden sehr bitter.

2. Die Samen im Inneren können als Gewürz verwendet werden.

3. Am einfachsten lassen sich die sehr hubbeligen Früchte mit einem Sparschäler schälen.

4. Halbieren Sie die Früchte der Länge nach und kratzen Sie das Kerngehäuse mit einem Löffel heraus.

5. Zum Salzen, Dünsten oder Blanchieren schneiden Sie die ausgehöhlten Gurken in etwa 1 cm breite Stücke.

Wirkung

Bittergurken haben einen hohen Gehalt an Bitterstoffen. Sie sind reich an den Vitaminen A, B_1, B_2 und C und enthalten viel Eisen, Kalzium, Phosphor, Kupfer und Kalium. Außerdem wird ihnen eine Blutzucker senkende Wirkung nachgesagt.

Was Sie beim Kauf und der Verwendung beachten sollten

Für den Rohgenuss sind Bittergurken wegen ihres bitteren Geschmacks ungeeignet. Daher sollte man Bittergurken, egal ob im reifen oder unreifen Zustand, immer salzen oder blanchieren, um die Bitterstoffe zu mildern. Sie sind im Gemüsefach des Kühlschranks nur wenige Tage haltbar. An ihrer warzigen Schale fangen sie schnell an zu faulen.

Bittergurken-Gemüse

Zutaten:

Für 4 Personen

2 Bittergurken
10 weiße, große Champignons
2 EL Butterschmalz
180 g gekochte Eismeerkrabben
2 ca. 5 mm dicke Scheiben gekochter Schinken
etwas frischer, klein geschnittener Dill
1 Bund frische, klein geschnittene Petersilie zum Garnieren
2 weiße, in Scheiben geschnittene Champignons zum Garnieren
Salz
Pfeffer

Zubereitung:

1. Die Bittergurken wie in der Bildfolge dargestellt vorbereiten. Die etwa 1 cm groß geschnittenen Stücke salzen und mindestens eine halbe Stunde stehen lassen. Die gesalzenen Stücke abwaschen und auf einem Sieb abtropfen lassen.

2. Die Champignons abbürsten, schlechte Stellen abschneiden und die Pilze in Scheiben schneiden. Einen Esslöffel von dem Butterschmalz in einer Pfanne erhitzen und die Champignonscheiben zwei bis drei Minuten andünsten.

3. Die Eismeerkrabben zum Abtropfen auf ein Sieb schütten und die Schinkenscheiben in gleichmäßige Würfel schneiden.

4. Das restliche Butterschmalz in einer Pfanne erhitzen und die Bittergurkenstücke darin andünsten. Nach und nach die Champignonscheiben und den gewürfelten Schinken hinzugeben und zum Schluss die Eismeerkrabben einrühren.

5. Das Ganze mit Pfeffer und Salz würzen und mit dem Dill bestreuen. In der heißen Pfanne noch einmal alles kurz durchmischen.

6. Das Gemüse in eine feuerfeste Schüssel geben und mit den Champignonscheiben und der Petersilie garniert servieren.

Chayote

Sechium edule

Herkunft

Chayoten sind die Früchte eines mit langen Ranken kletternden Kürbisgewächses. Die Heimat der Chayoten ist Mittelamerika und das nördliche Südamerika. Bereits die Azteken und Maya nutzten die Frucht. Heute wird sie in allen tropischen Gebieten, vor allem aber in Guatemala, angebaut.

Form, Farbe und Geschmack

Chayoten sind birnenähnliche Früchte, die etwa 10 bis 20 cm lang werden. Die reife Frucht kann bis zu 1 kg schwer werden. Sie hat eine dünne, hell- bis dunkelgrüne Schale, die meist leicht gefurcht ist. Das feste Fruchtfleisch ist weiß und schmeckt leicht süßlich. Der Geschmack erinnert an Gurken und Zucchini. Im Inneren liegt ein weißer Kern.

Wirkung

Chayoten sind sehr kalorienarm, weil sie überwiegend aus Wasser bestehen. Sie enthalten viele Aminosäuren, Vitamin C, Kalzium, Eisen und Kalium.

Was Sie beim Kauf und der Verwendung beachten sollten

Chayoten können roh oder gekocht als Gemüse gegessen werden. Man kann sie als süße oder herzhafte Speise zubereiten. Schale und Kern sind beide essbar. Wichtig ist, dass die Früchte unter fließendem, kaltem Wasser geschält werden, da sie einen Saft absondern, der an den Händen kleben bleibt. Chayoten können nicht lange gelagert werden, weil sie relativ schnell auskeimen.

Chayotensalat

Zutaten:
Für 4 Personen

3 Chayoten
6 EL Essig
5 feste Tomaten
3 dicke Scheiben gekochter Schinken
200 g gekochte Krabben
6 EL Öl
Salz
Pfeffer
evtl. 2–3 Salatblätter und ein paar Kirschtomaten zum Garnieren

Zubereitung:

1. Die Chayoten wie in der Bildfolge beschrieben waschen und in Spalten schneiden.

2. Einen Liter Wasser zum Kochen bringen, den Essig zugeben und die Chayotenspalten je nach Spaltenstärke etwa 15 bis 20 Minuten kochen. Sie sollten noch leicht knackig sein.

3. In der Zwischenzeit die Tomaten am Blütenansatz über Kreuz einschneiden und mit etwa einem Liter kochendem Wasser übergießen. Einige Minuten stehen lassen, bis sich die Schale leicht abziehen lässt, und mit kaltem Wasser abschrecken. Die geschälten, erkalteten Tomaten halbieren, die Kerne entfernen und das Fruchtfleisch in gleichmäßige Spalten schneiden.

4. Den gekochten Schinken in gleichmäßige Würfel schneiden. Die Krabben auf ein Sieb geben, kurz mit kaltem Wasser abschwenken und zum Trocknen auf etwas Küchenkrepp geben.

5. Die abgekühlten Chayoten- und Tomatenspalten mit dem gewürfelten Schinken und den Krabben in eine Schüssel geben und mit Essig, Öl, Salz und Pfeffer würzen. Nach Belieben mit den Salatblättern und den gewaschenen Kirschtomaten garnieren und servieren.

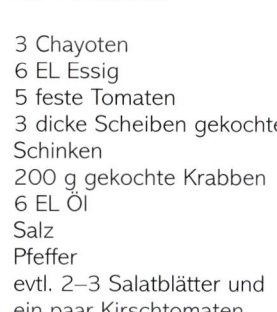

1. Chayoten ohne Triebe und Blätter, wie man sie bei uns kaufen kann. Die Triebe und Blätter sind ebenfalls essbar.

2. Vor der Verarbeitung sollten Sie die Früchte gründlich waschen, da die Früchte tiefe Einbuchtungen haben. Gegebenenfalls müssen Sie diese halbieren.

3. Sollen die Früchte halbiert verarbeitet werden, ist eine Kochzeit von etwa 40 Minuten notwendig.

4. Der Kern ist zwar genießbar, wird jedoch meistens nicht mitgegessen. Er lässt sich leicht herausheben.

5. Die halbierten Chayoten schneiden Sie in gleichmäßige Spalten. Je nach Spaltenstärke benötigen sie eine Kochzeit von etwa 15 bis 20 Minuten.

6. Schälen Sie die Früchte unter fließendem, kaltem Wasser, da der Saft sehr an den Fingern kleben bleibt.

7. Schneiden Sie die geschälten und entsteinten Früchte der Länge nach durch und würfeln Sie diese. So haben sie die kürzeste Kochzeit.

Tipp: Als Vorspeise kann jede Portion in kleinen Salatschüsseln oder Dessert-tellern dekorativ angerichtet werden.

Chili

Capsicum frutescens

Herkunft

Chilis sind Schoten von verschiedenen Gewürzpaprikaarten. Sie gehören zu den Nachtschattengewächsen. Seine Ursprünge hat der ein bis zwei Meter hohe Chilistrauch in Süd- und Mittelamerika, von wo ihn Christoph Kolumbus um 1500 aufs europäische Festland mitbrachte. Heute werden Chilis rund um den Globus in den tropischen Gebieten kultiviert. Von den Chilis gibt es eine verwirrende Anzahl an Sorten.

Form, Farbe und Geschmack

Chilis sind viel schärfer als die übrigen Gewürzpaprikasorten, weil sie fast doppelt so viel des scharf machenden Alkaloids Capsaicin enthalten. Ihre Schärfe wird auf einer Skala von 1 bis 10 eingestuft. Zu den besonders scharfen Sorten gehören z. B. die „Habanero" und die „Scotch Bonnet". Die Früchte werden bis zu 15 cm lang und nehmen die unterschiedlichsten Formen an. Es gibt sie in den Farben Grün, Gelb, Orange bis hin zu leuchtendem Rot. Die kleinen Samen sind nierenförmig und blassgelb.

Wirkung

Der hohe Anteil an Capsaicin in den Chilis hat viele positive Auswirkungen auf den menschlichen Körper: Er wirkt durchblutungsfördernd, was Thrombosen und Schlaganfällen vorbeugt. Außerdem regt er den Stoffwechsel an, verbessert die Verdauung und tötet Krankheitserreger ab.

1. Chilischoten gibt es in vielen verschiedenen Farben und Formen.

2. Um Ihr Gericht etwas weniger scharf zu machen, entfernen Sie die Kerne und Scheidenwände der Chilischoten, bevor Sie diese weiterverarbeiten.

3. Man kann seine Gerichte auch mit Chilipulver würzen.

4. Der Geschmack einiger getrockneter Chilisorten wird durch kurzes Anrösten in der Pfanne noch besser.

Was Sie beim Kauf und der Verwendung beachten sollten

Frische Chilischoten findet man in ausreichender Auswahl am besten in asiatischen Geschäften. Sie sollten eine leuchtende Farbe haben, glänzen und keine braunen oder weichen Stellen haben. Im Gemüsefach des Kühlschranks sind sie bis zu 14 Tage haltbar. Außerdem eignen sie sich auch zum Einfrieren, wenn man sie vorher kurz blanchiert. Wenn Sie die Schärfe etwas abmildern möchten, verwenden Sie bei der Verarbeitung der Chilis keine Kerne und Scheidewände. Achtung: Berühren Sie beim Schneiden von Chilis nicht Ihr Gesicht! Vor allem in den Augen brennt das Capsaicin wie Feuer. Reinigen Sie Hände, Schneidebrett und Messer anschließend sehr gründlich. Ist Ihr Chili-Gericht doch etwas zu scharf geworden, trinken Sie kein Wasser, sondern etwas Milch, um das Feuer in Ihrem Rachen zu löschen.

Scharfe Gemüsenudeln mit Rindfleisch

Zutaten:
Für 4 Personen

250 g Reisnudeln
400 g mageres Rindfleisch
2 Knoblauchzehen
2 grüne Chilischoten
3 EL Sojasoße
1 EL Mehl
2 EL Erdnussöl
225 g gehackte USA-Erdnüsse
1 große Zwiebel
1 rote Paprikaschote
300 g Brokkoli
300 g Sojabohnensprossen
1 EL Zucker, Salz, Pfeffer
10 g frischer, gehackter Koriander oder gehackte, glatte Petersilie

Zubereitung:

1. Die Nudeln nach Packungsanweisung zubereiten.

2. Das Rindfleisch unter kaltem, fließendem Wasser abwaschen, trocken tupfen und in schmale Streifen schneiden. Den Knoblauch schälen und durchpressen, die Chilischoten waschen und fein hacken. Beides mit der Sojasoße und dem Mehl verrühren und das Fleisch darin wenden.

3. Einen Esslöffel von dem Erdnussöl erhitzen, das Fleisch darin ca. fünf Minuten anbraten und eventuell wenig Wasser hinzufügen, damit es nicht anbrennt. Dann das Fleisch mit den Nudeln mischen.

4. Inzwischen die Erdnüsse unter Wenden in einer beschichteten Pfanne goldbraun anrösten, in der Pfanne abkühlen lassen und bis auf einige Nüsse zum Garnieren grob hacken.

5. Die Zwiebel schälen und in Spalten, die Paprikaschote halbieren, entkernen, waschen und in Streifen schneiden und den Brokkoli in Röschen zerteilen. Die drei Gemüsesorten im restlichen heißen Öl in einer großen Pfanne zwei Minuten unter Rühren anbraten, die Sprossen hinzufügen und zusammen weitere drei Minuten braten.

6. Die Fleisch-Nudel-Mischung erwärmen, das Gemüse, den Zucker und die gehackten Erdnüsse unterrühren, das Ganze abschmecken und mit Koriander oder Petersilie und den ganzen Erdnüssen bestreut servieren.

Tipp: Alternativ können auch Bandnudeln verwendet werden. Anstatt Rindfleisch passen auch Puten-, Schweine-, Lamm- oder Hähnchenfleisch oder Fisch zu dem Gericht. Anstatt der Chilis und dem Zucker können die Gemüsenudeln auch mit fertiger Chilisoße gewürzt werden. Weniger scharf wird das Gericht, wenn man die Chilis vor dem Hacken entkernt.

Cranberry

Vaccinium macrocarpon

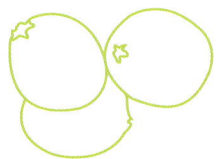

1. Cranberries ähneln äußerlich unseren Johannisbeeren oder Preiselbeeren.

2. Für den rohen Verzehr sind sie nur bedingt geeignet. Sie werden gerne zu Geflügel oder Wild serviert.

3. Cranberries gibt es häufig tiefgekühlt zu kaufen, weil sie nicht das ganze Jahr über bei uns erhältlich sind.

4. Schneidet man die Cranberries auf, zeigen sich die vielen kleinen Samenkerne.

Herkunft

Der Cranberry-Strauch stammt aus den Nordoststaaten Amerikas. Er ist ein Ableger der Familie der Glockenheidegewächse und somit sind sie auch mit den einheimischen Preiselbeeren verwandt. In Europa laufen erste Anbauversuche in Süddeutschland und in der Lüneburger Heide. Noch werden die Beeren von Herbst bis Weihnachten aus den USA importiert.

Form, Farbe und Geschmack

Cranberries sind ca. 2 cm kleine, runde Beeren mit einer roten Schale und rot bis schwarz gefärbtem Fruchtfleisch. Sie enthalten viele Samenkerne, die in vier Kammern aufgeteilt sind, und haben einen charakteristisch säuerlich herben Geschmack, ähnlich dem der Preiselbeeren.

Wirkung

Cranberries besitzen einen dreimal so hohen Vitamin-C-Gehalt wie Preiselbeeren. Auch beachtliche Mengen an Eisen, Kalium und Magnesium sind vorhanden. Früher nahmen Seeleute Cranberries in Fässern als Mittel gegen Skorbut mit auf ihre monatelangen Reisen. In Nordamerika werden die Beeren auch medizinisch eingesetzt und helfen gegen Fieber, Rheuma und Darmkatarrh sowie zur Appetitanregung.

Was Sie beim Kauf und bei der Verwendung beachten sollten

Im September und Oktober werden Cranberries reif. Getrocknet, gereinigt und verlesen kommen sie in verschweißten Folienbeuteln oder in Pappschachteln auf den europäischen Markt. Durch ihren hohen Anteil keimtötender Säuren halten sich die Cranberries im Kühlschrank über mehrere Wochen. Zudem eignen sie sich vorzüglich zum Tiefkühlen. Man kann sie roh essen oder für Säfte, Soßen, Desserts oder Getränke verwenden.

Cranberry-Muffins

Zutaten:
Für 4 Personen

260 g Mehl
1 Päckchen Backpulver
½ TL Natron
100 g weiche Butter
140 g Zucker
1 Ei
¼ l Milch
1 Prise Salz
230 g Cranberries
12er-Muffinform
Fett für die Form oder Papierförmchen

Für den Guss:
100 g Puderzucker

Zubereitung:

1. Den Backofen auf 180° C, Gas Stufe 2–3, Umluft 160° C vorheizen. Eine 12er-Muffinform gut einfetten oder mit Papierförmchen auslegen.

2. Das Mehl zusammen mit dem Backpulver und dem Natron in eine Schüssel sieben und beiseitestellen. Die Butter mit dem Zucker und dem Ei schaumig schlagen. Die Mehlmischung, die Milch und das Salz hinzufügen und alles zügig zu einem glatten Teig rühren.

3. Die Cranberries waschen, gut abtropfen lassen, grob hacken und mit einem Rührlöffel gleichmäßig unter den Teig heben.

4. Den Teig mit einem Esslöffel in der Muffinform verteilen. Die Form in den vorgeheizten Backofen stellen und den Teig 20 bis 25 Minuten goldbraun backen. Nach dem Backen die Muffins fünf Minuten in der Form ruhen lassen, dann aus der Form lösen und auf einem Kuchengitter abkühlen lassen.

5. In der Zwischenzeit den Puderzucker in eine kleine Schüssel sieben und mit zwei bis drei Esslöffeln Wasser zu einer glatten, noch leicht flüssigen Masse verrühren.

6. Den Guss auf die noch leicht warmen Muffins gießen und mit einem Kuchenpinsel etwas verteilen.

Curuba

Passiflora mollissima

Herkunft

Die Heimat der Curuba liegt in den hoch gelegenen Gebieten der kolumbianischen Anden, wo sie auf Plantagen kultiviert wird. Sie ist in Kolumbien so etwas wie eine Nationalfrucht. Mittlerweile wird sie auch in Venezuela, Peru und Neuseeland angebaut. Sie gehört zur Gattung der Passionsfrüchte und wächst auch wild an immergrünen Kletterpflanzen.

Form, Farbe und Geschmack

Die länglich ovale Curuba besitzt eine dünne, weiche Schale, die eine grüne, bei Reife eine blassgelbe Farbe hat, und erinnert äußerlich an eine Banane, daher auch die Bezeichnung Bananen-Passionsfrucht. Es gibt aber auch eine rotschalige Sorte. Die 60 bis 80 g schwere und bis zu 10 cm lange Frucht fühlt sich von außen durch ihre weiche Behaarung samtig an. Das geleeartige, hellorangegelbe Fruchtfleisch mit seinen essbaren Kernen zeichnet sich durch einen angenehmen, exotischen, mild säuerlichen Geschmack aus. Es ist so kompakt, dass man die Schale sogar abziehen kann.

Wirkung

Curubas haben einen sehr hohen Anteil an Vitamin A und C. Für eine Diät ist die kalorienarme Curuba eine gute exotische Geschmacksabwechslung. Die in ihr enthaltenen Alkaloide haben eine Blutdruck senkende Wirkung.

Was Sie beim Kauf und der Verwendung beachten sollten

Curubas gibt es von April bis August bei uns im Handel. Achten Sie beim Kauf unbedingt darauf, dass die Frucht einen intensiven Geruch verströmt, denn nur dann ist sie reif. Bei kühler Lagerung (ca. 10 bis 11° C) hält sie sich etwa 10 Tage lang.

1. Curubas sind gurkenähnliche, bei Reife bananenähnliche Früchte mit essbaren Kernen. Waschen Sie die Früchte gründlich, bevor Sie diese weiterverarbeiten.

2. Mit einem scharfen Küchenmesser wird die Frucht geteilt und kann dann ausgelöffelt werden.

3. Das Fruchtfleisch eignet sich püriert oder passiert zu Eiscremes, Desserts oder Getränken.

Carpaccio „Curuba"

Zutaten:
Für 1 Person

150 g Rinderfilet
1 Curuba
grobes Meersalz
Pfeffer
1–2 Scheiben Baguette

Zubereitung:

1. Das Rinderfilet mit einem langen, scharfen Messer in hauchdünne Scheiben schneiden oder bereits von Ihrem Metzger vorbereiten lassen. Die Scheibchen auf einem Teller fächerartig anrichten und mit grobem Meersalz und frisch gemahlenem Pfeffer würzen.

2. Die Curuba längs durchschneiden, die Fruchtkerne mit einem Teelöffel herausheben und über das Carpaccio streuen.

3. Mit frischem Baguette servieren.

Dattel

Phoenix dactylifera

Herkunft

Bereits vor sechstausend Jahren wurde die Dattelpalme als Kulturpflanze in Nordafrika und Vorderasien angebaut. Dort sind ihre Früchte seit jeher ein wichtiges Grundnahrungsmittel. Heimisch ist die Dattelpalme von Marokko bis Pakistan. Heute wird sie aber auch in den USA, in Griechenland, Sizilien und Südspanien kultiviert. Die Datteln, die bei uns frisch auf den Markt kommen, sind meist aus Israel und Kalifornien, die getrockneten aus Algerien, Tunesien, dem Irak und Iran.

Form, Farbe und Geschmack

Es gibt etwa 12 Dattelarten, die eine rötliche bis gelbbraune glänzende Haut haben und unterschiedliche Größen zwischen 4 und 8 cm aufweisen. Sie sind länglich oval und haben in der Mitte einen länglichen, harten Kern, der von hellem Fleisch umgeben ist. Bei uns werden meist nur getrocknete Datteln angeboten, die vor Ort reif geerntet und dann an der Luft getrocknet werden. Sie schmecken nach Honig und sind viel süßer als frische Datteln.

Wirkung

Datteln haben einen sehr hohen Gehalt an Frucht- und Traubenzucker. Er kann bis zu 70 % betragen. Sie sind reich an Mineralstoffen wie Folsäure, Kalzium, Eisen und Phosphor sowie an den Vitaminen A, D und der gesamten B-Gruppe. Eine heilende Wirkung wird der Dattel bei Erkrankungen der Luftwege,

des Nervensystems und bei Anämie nachgesagt. Ihr hoher Kaliumgehalt hat eine Blutdruck senkende Wirkung und wirkt sich positiv auf Herzrhythmusstörungen aus. Datteln geben außerdem Energie und fördern die Konzentrationsfähigkeit.

Was Sie beim Kauf und der Verwendung beachten sollten

Getrocknete Datteln sind wegen ihres hohen Zuckeranteils bis zu ein Jahr lang an einem kühlen, trockenen Ort lagerfähig. Frische Datteln halten sich dafür nur bis zu zehn Tage im Kühlschrank. Entscheiden Sie sich beim Kauf für frische, tiefgefrorene Datteln, so halten diese im Eisschrank ohne Qualitätseinbußen mehrere Monate. Datteln eignen sich für Quarkspeisen, Kuchen und Torten oder Obstsalate.

1. Datteln können frisch mit der Schale verzehrt werden. Sie sind sehr vielseitig verwendbar.

2. Getrocknete Datteln schmecken sehr süß. Werden sie geschält, kommt ihr Geschmack besser zur Geltung.

3. Mit einem scharfen Messer die Schale aufritzen und die Haut abziehen.

4. Die geschälten Früchte auseinanderziehen und den Kern entfernen.

5. Geschälte und entkernte Datteln ergeben auf einem Teller serviert eine fruchtige Zwischenmahlzeit.

Gänsebraten mit Datteln und Feigen

Zutaten:
Für 4–6 Personen

1 küchenfertige Gans mit ca. 3 bis 3,5 kg
3 mürbe Äpfel, z. B. Boskop
150 g getrocknete Datteln
150 g getrocknete Feigen
½ TL Ostmann Pfeffer schwarz/weiß, geschrotet
½ TL Ostmann Kardamom, gemahlen
½ TL Ostmann Beifuß, geschnitten
¼–½ TL Ostmann Zimt, gemahlen

1 Msp. Ostmann Nelken, gemahlen
80 g Mandelblättchen
2 EL Sesamöl
300 ml Geflügelbrühe
200 ml Reiswein, ersatzweise Weißwein
evtl. Soßenbinder für dunkle Soßen
4 EL Apfelkraut
1–2 EL Sojasoße
Salz
evtl. ein paar frische Feigen und Kräuter zum Garnieren
Küchengarn

Zubereitung:

1. Die Gans unter fließendem, kaltem Wasser waschen und trocken tupfen. Die Äpfel schälen und mit den Datteln und Feigen fein würfeln. Salz, Pfeffer, Kardamom, Beifuß, Zimt und Nelken vermischen und einen Teil des Gewürzgemischs mit den Mandelblättchen zu den Äpfeln, Feigen und Datteln geben.

2. Die Gans damit füllen, die Öffnung mit Küchengarn zunähen und die restliche Füllung beiseitestellen. Den Backofen auf 200° C, Gas Stufe 3–4, Umluft 180° C vorheizen.

3. Die restliche Gewürzmischung mit dem Sesamöl vermischen und die Gans damit bestreichen. Die Gans mit der Brust nach unten in einen Bräter geben, Brühe und Reiswein angießen und im vorgeheizten Backofen ca. 90 Minuten schmoren.

4. Während der Garzeit die Haut der Gans mehrmals einstechen, die Gans umdrehen, weiterbraten und zwischendurch mehrfach mit dem Bratensaft begießen. 30 Minuten vor dem Ende der Garzeit die restliche Füllung in den Bräter dazugeben und die Gans mit kaltem Salzwasser bestreichen, damit sie schön knusprig wird.

5. Die Gans herausnehmen und warm stellen. Den Bratenfond entfetten, nach Wunsch mit dunklem Soßenbinder andicken und mit den Gewürzen, dem Apfelkraut und der Sojasoße pikant-orientalisch abschmecken.

6. Die Gans mit der Soße sowie nach Wunsch mit Couscous, frischen Feigen und Kräutern garniert servieren.

Durian

Durio zibethinus

Herkunft

Die Durian oder „Stinkfrucht" ist die Frucht eines 30 bis 40 m hohen Baumes, der seine Heimat in den Regenwäldern Malaysias, Indonesiens, Thailands und Sri Lankas hat. Ihren Namen erhielt sie durch ihren charakteristischen Geruch, der von den meisten Menschen als Mischung aus Limburger Käse, faulen Eiern, Knoblauch und Terpentin beschrieben wird. In China gilt die Durianfrucht als Delikatesse, für die auf den asiatischen Märkten bis zu 10 US-Dollar gezahlt werden. Auch in Mitteleuropa gehört sie zu den teuren Exoten.

Form, Farbe und Geschmack

Die Frucht ähnelt in Form und Größe einem grünen bis olivgrünen Igel mit harten, pyramidenförmigen Stacheln. Sie wiegt zwischen 3 und 10 kg. Im Inneren hat sie vier bis fünf Kammern mit zwei bis sieben länglichen Samenkernen. Das cremig-gelbe „Fruchtfleisch", d. h. der Samenmantel, schmeckt nach Vanille, Banane, Mandeln, Sherry und Zwiebeln – ein schwer zu beschreibender Geschmack! Die kastaniengroßen Kerne sind ebenfalls essbar und schmecken klein geschnitten und in einer Pfanne geröstet sehr gut.

Wirkung

Die Früchte weisen reichlich Vitamin B_1, B_2, C und E auf. Sie sollen eine aphrodisierende, anregende Wirkung haben. Sie enthalten sekundäre Pflanzenwirkstoffe, die für ihre gesundheitsfördernde Wirkung bekannt sind. Sie können antioxidativ wirken und das Herz-Kreislauf- und das Immunsystem stärken.

Was Sie beim Kauf und der Verwendung beachten sollten

Eine Durian ist reif, wenn sie ihren „Gestank" intensiv ausströmt. Dann sollte sie innerhalb von 3 bis 5 Tagen verzehrt werden, weil sie schnell ranzig und sauer wird. Angeschnittene Früchte sollten Sie so schnell wie möglich verzehren. Die Frucht ist durch ihren unangenehmen Geruch nicht für die Lagerung in geschlossenen Räumen geeignet. Die Schale einer Durianfrucht sollte beim Kauf unbeschädigt sein.

1. Mit einem scharfen Küchenmesser die Frucht kraftvoll in den einzelnen Kammern einschneiden.

2. Die stachelige harte Schale einer Kammer auf beiden Seiten einschneiden und stückweise herausbrechen.

3. Innerhalb der einzelnen Kammern liegt der essbare Teil: herauslösbare Fruchtstücke.

4. Die Fruchtstücke sind hellgelb bis weiß und weicher als der Rest in der jeweiligen Kammer.

5. Die ausgelösten Fruchtstücke mit der Hand öffnen.

6. Die Kerne entfernen. Das Fruchtfleisch kann frisch verzehrt oder als Sorbet weiterverarbeitet werden.

7. Die ausgelösten Kerne schmecken in Stücke geschnitten und in einer Pfanne geröstet sehr gut.

Durian-Creme

Zutaten:
Für 3 Personen

200 g Durian-Fruchtfleisch
Zucker
Puderzucker
Walnüsse

Zubereitung:

1. Das Fruchtfleisch geschnitten in einen Mixer geben und ca. eine Minute zerkleinern. Anschließend mit Zucker abschmecken.

2. Das pürierte Fruchtfleisch in Dessertschalen füllen, mit Puderzucker bestreuen und mit Walnüssen garnieren.

Feige

Ficus carica

Herkunft

Feigenbäume gehören neben den Oliven und dem Wein zu den wohl ältesten Kulturpflanzen der Erde. Die Frucht stammt aus Südwest- und Vorderasien, wo sie schon vor 5000 Jahren angepflanzt wurde. Heute ist der Feigenbaum – ebenso verwildert wie auch kultiviert – auch in allen Mittelmeerländern, aber auch in Südamerika und Südafrika verbreitet.

Form, Farbe und Geschmack

Die Fruchtarten des Feigenbaums werden bis zu 10 cm groß, haben eine runde bis birnenähnliche Form und, je nach Sorte, eine grüne bis dunkelviolette Farbe. Bereits im alten Rom schätzten die Athleten das rötliche, süß-nussige Fruchtfleisch der Feige, das kernlos sein kann oder auch viele kleine essbare Samenkerne enthält. Die helleren Früchte schmecken etwas säuerlicher als die dunkleren.

1

2

3

4

5

6

7

Wirkung

Feigen sind besonders reich an Fruchtzucker. Sie enthalten viel Eiweiß, Ballaststoffe, Spurenelemente und Mineralstoffe wie Phosphor, Kalium, Kalzium und Eisen. Außerdem sind sie reich an Vitaminen der gesamten B-Gruppe und enthalten viel Pektin, ein Enzym, das die Verdauung ankurbelt.

Was Sie beim Kauf und der Verwendung beachten sollten

Reife Feigen fühlen sich prall und gleichzeitig etwas weich an. Ihre Haut sollte keinen weißen Überzug oder Flecken haben, die durch Überlagerung entstehen. Nur reife Feigen sind zum Verzehr geeignet, weil unreife Früchte Hautausschläge und Juckreiz hervorrufen können. Der beste Lagerort für frische Feigen ist der Kühlschrank, wo sie sich bis zu drei Tage lang halten. Wegen ihres hohen Zuckergehaltes eignen sich Feigen gut zum Trocknen.

1. Feigen variieren in ihrem Aussehen: Es gibt hellere und kleinere mit mehr ins Weiße gehendem Fruchtfleisch.

2. Mit einem scharfen Küchenmesser wird an beiden Seiten ein Stück abgeschnitten.

3. In gleichmäßige Scheiben geschnitten, wirkt die Frucht sehr dekorativ.

4. Die nicht zu reife Feige wird mit einem Messer geschält.

5. Ob in Scheiben geschnitten, geviertelt, geschält oder ungeschält – Feigen können in jeder Form verzehrt werden.

6. Soll die Feige in geschälte Spalten geschnitten werden, bleibt sie beim Schälen ganz.

7. Geviertelte Feigen eignen sich auch sehr gut zur Dekoration.

„Beschwipste" marinierte Feigen

Zutaten:
Für 4 Personen

8 frische Feigen
2 EL Puderzucker
200 ml Marsala (Likörwein)

Zubereitung:

1. Die gewaschenen und trocken getupften Feigen halbieren und auf einer Platte anrichten.

2. Die Früchte mit dem Puderzucker bestreuen und mit dem Marsala marinieren.

Feijoa

Ficus carica

Herkunft

Die Feijoa gehört zur Gattung der Guaven und ist die Frucht eines südamerikanischen Strauches. Sie hat ihren Ursprung in Brasilien, Uruguay, Paraguay und Argentinien. Heute wird sie in Gebieten mit subtropischem Klima wie Florida, Kalifornien, Indien, Neuseeland, Frankreich und Spanien kultiviert sowie überwiegend auf den Plantagen Neuseelands angepflanzt. Da die Frucht sehr empfindlich ist, wird sie nur mit dem Flugzeug importiert.

Form, Farbe und Geschmack

Die ei- bis birnenförmige Frucht besitzt eine fein behaarte, grüne bis gelblich grüne, feste Fruchtschale, welche je nach Sorte mehr oder weniger runzelig ist. Das weiße, geleeartige Fruchtfleisch hat einen säuerlich aromatischen Geschmack,

1. Die Feijoa, eine aromatische Frucht mit fester Schale, gehört zur Familie der Guaven.

2. Sie wird mit einem scharfen Küchenmesser der Länge nach geteilt.

3. Die essbaren Kerne aus der halbierten Frucht auslöffeln.

4. Geschält und in Scheiben geschnitten kann sie unter jeden Fruchtsalat gemischt werden.

5. Damit die aufgeschnittenen Früchte nicht braun werden, muss man sie sofort mit Zitronensaft beträufeln.

der an eine Mischung aus Ananas, Erdbeere und Guave erinnert. Darin befinden sich einige weiche, dunkelrote, essbare Kerne.

Wirkung

Die Feijoa zählt zu den vitaminreichsten Früchten, die es gibt. Der außerordentlich hohe Vitamin-C-Gehalt der Frucht kann variieren und liegt zwischen 30 und 300 mg pro 100 g Fruchtfleisch. Außerdem enthält die Feijoa noch viel Vitamin A und B sowie Eisen, Phosphor und Kalzium.

Was Sie beim Kauf und der Verwendung beachten sollten

Feijoas halten sich im Gemüsefach des Kühlschranks bis zu zehn Tage. Man kann sie roh verzehren. Die Schale ist nicht essbar. Die Feijoa ist reif, wenn sie auf leichten Fingerdruck nachgibt und einen intensiven Duft verströmt. Um das Verfärben angeschnittener Früchte zu verhindern, empfiehlt es sich, etwas Zitronensaft auf die Schnittstellen zu träufeln. Aufgrund ihrer großen Gelierkraft eignet sich die Feijoa sehr gut für Gelees und Konfitüren.

Exotischer Fruchtsalat

Zutaten:

Für 4 Personen

1 Karambole
4 Loquats
1 Kaki
3 Feijoas
3 Litschis
1 Kiwi
2 EL Zucker
Saft einer Zitrone
1 Schuss Cognac
evtl. ein paar gewaschene Johannisbeeren und Physalis zum Garnieren

Zubereitung:

1. Die Karambole waschen, in dünne Scheiben schneiden und die Scheiben in fünf Stücke teilen.

2. Schälen, entkernen und schneiden Sie die Loquats, die Kaki, die Feijoas und die Litschis in Stücke.

3. Nach dem Schälen schneiden Sie die Kiwi in Scheiben und halbieren diese.

4. Fügen Sie den Zucker zu den Früchten hinzu und beträufeln Sie die Fruchtstücke mit dem Zitronensaft.

5. Anschließend den Fruchtsalat mit einem Schuss Cognac verfeinern, in Glaskelchen anrichten und nach Wunsch mit ein paar Johannisbeeren, je einer Physalis und einer Karambolenscheibe garnieren.

Granatapfel

Punica granatum

Herkunft

Diese geschichtsträchtige Grabbeigabe der Pharaonen kommt ursprünglich aus dem Orient. Der Granatapfelbaum ist vom Iran bis nach Nordindien heimisch und wurde schon in der Antike rund um das Mittelmeer angepflanzt. Heute wird die Frucht in allen tropischen und subtropischen Gebieten der Welt sowie am Mittelmeer kultiviert. Hauptexportländer sind Israel, die Türkei, der Iran, Spanien und Italien.

Form, Farbe und Geschmack

Die etwa 5 mm dicke, ledrige Schale des Granatapfels hat je nach Sorte eine gelbe bis scharlachrote Farbe und ist ungenießbar. Im Inneren befinden sich mehrere Fächer, in die viele kleine Samenkerne eingebettet sind. Sie sind von einer geleeartigen, rosa- bis rubinrot leuchtenden

Fruchtfleischhülle umgeben, die aromatisch süß bis feinsäuerlich schmeckt. Die Samenkerne sind zwar essbar, aber weniger schmackhaft und können ausgekaut werden.

Wirkung

Die Energie der Granatäpfel stammt hauptsächlich aus Kohlenhydraten. Besonders stark sind bei den Früchten Kalium und das für den Enzymstoffwechsel notwendige Mangan vertreten. Der Vitamin-C-Gehalt variiert zwischen 5 und 20 mg/100 g. Dass der Saft des Granatapfels auch heilende Wirkung hat, überlieferten uns schon die alten Griechen. Man verwendete ihn gegen Herz- und Magenschmerzen und bei fieberhaften Infekten.

Was Sie beim Kauf und der Verwendung beachten sollten

Die Früchte halten sich gekühlt mehrere Wochen. Granatäpfel werden am besten vom Kelch zum Stiel mehrmals eingeschnitten. Wird nun die Schale abgezogen, fallen die Kerne heraus und die weißen, bitteren Häute werden entfernt. Sie können aber auch aus der Schale gelöffelt werden, pur oder mit Eierlikör oder Zitronensaft verfeinert werden. Mit Mineralwasser verdünnt, entsteht aus dem Granatapfelfruchtsaft der bekannte Grenadine-Saft, mit Zucker gekocht der Grenadine-Sirup. Achtung: Der Saft hinterlässt auf Textilien braune Flecken, die sich praktisch nicht mehr auswaschen lassen!

Nach dem Aufschneiden werden die innen liegenden Fächer, in die die kleinen Samenkerne eingebettet sind, sichtbar.

1. Der empfindliche Granatapfel wird während des Transports in Holzwolle gelagert.

2. Der Granatapfel gilt als eine Scheinbeerenfrucht, die eine ledrige Schale umhüllt.

3. Die Frucht in der Mitte teilen: So werden die essbaren Kerne sichtbar.

4. Die halbierten Früchte mit der Zitronenpresse auspressen. Der Saft eignet sich zum Mitschmoren bei Wildgerichten.

5. Zum Öffnen der harten Schale einen Keil in die Frucht schneiden.

6. Die eingeschnittene Frucht nun mit der Hand auseinanderbrechen.

7. Die Kerne können unter Desserts und Obstsalat gemischt werden, schmecken aber auch pur.

Die einzelnen leuchtend roten Samenkerne sind schön angerichtet äußerst dekorativ.

Grapefruit

Citrus paradisi

Herkunft

Die Grapefruit stammt ursprünglich von den Westindischen Inseln, wo sie aus der Kreuzung einer Apfelsine und einer Pampelmuse entstanden ist. Sie wird dort seit Mitte des 18. Jahrhunderts gezüchtet. Von da aus eroberte sie zuerst die benachbarten warmen Länder, bevor sie durch Exporte auch in die kalten mitteleuropäischen Gegenden gelangte. Kultiviert wird die Grapefruit heute in vielen Ländern der warmen Tropen.

Form, Farbe und Geschmack

Die Grapefruit ist etwas größer als die Apfelsine, jedoch kleiner als eine Pampelmuse und wiegt zwischen 200 und 250 Gramm. Je nach Sorte ist ihre Schale hell- bis rötlich gelb. Das Fruchtfleisch der gelben Grapefruit ist gelb bis rosafarben, das der roten Grapefruit ist rötlich gefärbt und vor allem süßer als das der gelben Sorten. Grapefruits schmecken angenehm bitter-süßsäuerlich.

Wirkung

Die Grapefruit enthält viele Mineralstoffe wie Magnesium und Kalzium und ist reich an Vitamin A und C. Eine Grapefruit deckt schon den gesamten Tagesbedarf an Vitamin C. Erwähnenswert sind auch die im Fruchtfleisch vorkommenden Ballaststoffe, die den Darm kräftigen und anregen. Außerdem hat die Grapefruit eine durchblutungsfördernde und entwässernde Wirkung.

Was Sie beim Kauf und der Verwendung beachten sollten

Reife Früchte besitzen das beste Aroma. Die Frucht ist reif, wenn die Schale auf Fingerdruck leicht nachgibt. Weist die Schale braune Flecken auf, ist die Grapefruit überlagert. Bei Zimmertemperatur bleiben die Früchte etwa ein bis zwei Wochen saftig. Grapefruits – egal ob rote oder gelbe – schmecken roh verzehrt am besten. Sie passen aber auch hervorragend zu Fisch-, Geflügel- und Obstsalaten.

1. Grapefruits mit gelbem Fruchtfleisch sind im Geschmack etwas bitterer als ihre roten Verwandten.

2. Die Grapefruit mit einem scharfen Messer quer aufschneiden. Die Frucht auspressen ...

3. ... oder auslöffeln. Dazu die Seitenwände mit einem scharfen Messer einschneiden.

4. Einfacher geht das Auslöffeln mit einem Grapefruitbesteck: Der Löffel ist gezahnt, das Messer gebogen.

5. Für einen Obstsalat von der quer halbierten Frucht die Schale mit der weißen Haut abschneiden.

6. Mit einem scharfen Messer die Seitenwände vom Fruchtfleisch trennen und das Fruchtfleisch in Stücke schneiden.

Exotische Früchte mit kalifornischen Mandeln

Zutaten:

Für 4 Personen

50 g kalifornische Mandelblättchen
1 kleine Mango, 1 Orange,
1 rosa Grapefruit, 100 g frische
Datteln, 2 Passionsfrüchte,
4 Physalis

Zubereitung:

1. Die Mandeln im Backofen
unter dem Grill rösten: Dazu
auf einem Blech flach verteilen und auf der zweitobers-
ten Schiene in den vorge-
heizten Ofen schieben. Ab
und zu wenden und darauf

achten, dass die Mandeln
nicht zu dunkel werden, da
sie außerhalb des Ofens
noch etwas nachbräunen.

2. Die Mango waschen und mit
einem scharfen Messer schälen. Beide Hälften der Länge
nach vom Stein lösen und
dann in Scheiben schneiden.

3. Die Zitrusfrüchte ebenfalls
waschen und mit einem
scharfen Messer schälen,
dabei auch die weiße Haut
entfernen.

4. Das Orangen- und Grape-
fruitfleisch mit je zwei

Schnitten entlang der
Häute herauslösen. Den
dabei austretenden Saft in
einer Schüssel auffangen.

5. Die Datteln entkernen und
längs vierteln. Die Passionsfrüchte waschen, halbieren
und auslöffeln. Zum Schluss
alle Früchte mit dem ge-
wonnenen Zitrussaft
mischen und kühl stellen.

6. Den Fruchtsalat auf Teller
oder kleine Schüsseln verteilen, mit je einer gewaschenen Physalis dekorieren und
mit den Mandeln bestreut
servieren.

 *Psidium guajava*

Herkunft

Die Guave ist in den tropischen Gebieten Amerikas zuhause. Sie wächst an einem immergrünen Baum, der etwa 6 m hoch wird. Heute wird sie überall in den Tropen, Subtropen und im Mittelmeerraum kultiviert. Sie ist ganzjährig im Handel erhältlich und wird vor allem aus Brasilien und Südafrika importiert.

Form, Farbe und Geschmack

Je nach Sorte ist die etwa 50 g schwere Guave apfel- oder birnenförmig. Die glatte, grüngelbe bis rötliche Schale umschließt ein weiß- bis gelblich oder rosafarbenes Fruchtfleisch im Inneren. Die essbaren, jedoch scharfkantigen Kerne dürfen beim Verzehr nicht gekaut werden. Neue Züchtungen enthalten nur noch wenige Kerne. Die reife Frucht hat ein süßsäuerliches Aroma, der intensive, aromatische Duft kann sogar ein wenig aufdringlich wirken.

Wirkung

Die Vitamin-C-reiche Frucht ist besonders in der Schwangerschaft oder Stillzeit, bei fiebrigen Erkrankungen und bei starker körperlicher Belastung zu empfehlen. Sie enthält viel Vitamin A und B und hat einen hohen Eisen- und Phosphorgehalt.

Was Sie beim Kauf und der Verwendung beachten sollten

Noch unreife Früchte sollten nicht zu kühl gelagert und ab und zu mit etwas Wasser besprüht werden. Da Guaven recht empfindlich sind, bleiben sie nach dem Kauf nur wenige Tage frisch. Vor dem Aufschneiden Schale waschen und vor dem Verzehr gegebenenfalls die Kerne entfernen.

1. Guaven sind apfel- oder birnenförmig.

2. Quer durchgeschnitten sind fünf Kammern zu erkennen.

3. Auch so können Guaven verzehrt werden: halbieren und auslöffeln.

4. Geschält und in Spalten geschnitten eignen sich Guaven zum Verbacken im Kuchen, ...

5. ... geschält und in Scheiben geschnitten für Fruchtsalat oder zur Tortendekoration.

Verschiedene Sorten von saftigen Guavenfrüchten.

Zingiber officinale

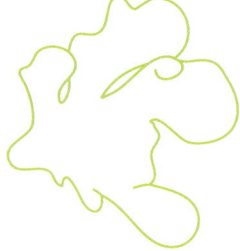

Herkunft

Ingwer ist eines der wichtigsten Würzmittel der indischen und subtropischen Küche und wurde schon vor mehr als 3000 Jahren verwendet. Die schilfartige Kulturpflanze stammt ursprünglich aus Südostasien, wird heute aber überall in den Tropen und Subtropen kultiviert. Hauptanbaugebiete sind China, Brasilien und Thailand.

Form, Farbe und Geschmack

Der eigentliche Ingwer wird aus der Wurzelknolle der Pflanze gewonnen. Die etwa 20 cm lange, mehrfach verzweigte Knolle mit der hellbraunen Schale besitzt ein gelbes, leicht faseriges Fruchtfleisch. Ingwer schmeckt würzig-scharf und riecht zitronig-frisch bis süßlich.

Wirkung

In der chinesischen und indischen Medizin ist Ingwer eines der wichtigsten Heilmittel. Ingwer entspannt und besänftigt einen nervösen Magen und hilft gegen Reisekrankheit. Seine entzündungshemmende und

1. Ingwer ist vor allem als Gewürz in der internationalen Küche bekannt.

2. Vor der Zubereitung waschen, ...

3. ... dann schälen, ...

4. ... in dünne Scheiben schneiden ...

5. ... oder raspeln.

immunstärkende Wirkung ist auch in der ayurvedischen Medizin bekannt. Neue Medikamente aus Ingwer werden in den USA und in Dänemark gegen rheumatische Gelenkentzündungen erfolgreich erprobt.

Was Sie beim Kauf und der Verwendung beachten sollten

Das schmackhafte Gewürz gibt es als frische Knolle zum Abreiben und Kleinschneiden oder als Pulver zu kaufen. Die frischen Knollen können stückweise abgeteilt, geschält und klein geschnitten werden. In Folie verpackt hält sich Ingwer zwei bis drei Wochen im Kühlschrank.

Ingwer-Punsch

Zutaten:
Für 4 Gläser à ca. 250 ml

¾ l schwarzer Tee
½ l Rotwein
50 g brauner Zucker
60 ml Pflaumensaft
2 cl Rum
2 Ostmann Nelken, ganz
2 Ostmann Sternanis, ganz
2 Zimtstangen
¼ TL Ostmann Kardamom, gemahlen
¼ TL Ostmann Ingwer, gemahlen
½ TL Ostmann Zimt, gemahlen
evtl. ein paar Orangenschalen-Spiralen, ein paar Zimtstangen und Sternanis zum Garnieren

Zubereitung:

1. Den Tee mit dem Rotwein und dem braunen Zucker erhitzen.

2. Den Pflaumensaft, den Rum und die Gewürze dazugeben und alles ca. 30 Minuten ziehen lassen.

3. Den heißen Punsch in Gläser füllen und nach Wunsch mit Orangenschalen-Spiralen, Zimt und Sternanis garniert servieren.

Jackfrucht

Artocarpus heterophyllus

Herkunft

Die Jackfrucht ist mit der afrikanischen Brotfrucht verwandt und hat ihre Heimat in Indien. Dort gehört sie schon seit Jahrhunderten zu den Grundnahrungsmitteln der Bevölkerung. Heute wird die Jackfrucht in ganz Südostasien, Mittelamerika und Südafrika kultiviert. Die Früchte, die in Mitteleuropa in den Handel kommen, werden meist aus Thailand, Malaysia, Indien oder Brasilien importiert.

Form, Farbe und Geschmack

Die gelbgrüne Frucht kann bis zu 90 cm lang werden und ein Gewicht von 50 kg erreichen. Sie gehört neben dem Kürbis zu den größten Früchten der Erde. Jedoch nur etwa ein Drittel der Frucht – die weichen Fruchtstücke im Inneren – ist zum Verzehr geeignet. Die harte, mit Noppen übersäte Schale umschließt mehrere taubeneigroße, sackähnliche essbare Gebilde mit weißer Haut und einem Kern im Inneren. Das Fruchtfleisch schmeckt süßsäuerlich und erinnert an Zitronen, Feigen und Honig.

Wirkung

Das Fruchtfleisch ist reich an Eiweiß und Mineralstoffen wie Kalzium, Kalium und Phosphor. Die Kerne sind sehr kohlenhydrathaltig, weil sie viel Stärke enthalten. Der Frucht wird eine ausschwemmende und leicht abführende Wirkung nachgesagt.

Was Sie beim Kauf und der Verwendung beachten sollten

Wegen ihrer Größe werden die Früchte auch scheibenweise angeboten. In ihrer Heimat werden Jackfrüchte unten quer angeschnitten und dann in Scheiben geschnitten. Ganze Früchte – und insbesondere die nicht essbaren Fasern und Schalen – sondern einen klebrigen Saft aus, der schwer zu entfernen ist. Ungekühlt sind die Früchte bis zu zwei Tage haltbar. Auch die stärkehaltigen Samenkerne sind essbar, müssen allerdings vorher gekocht oder geröstet werden. Dann schmecken sie wie Maroni.

1. Die äußere Schale mit einem großen Sägemesser aufschneiden.

2. Die Jackfrucht in zwei Hälften reißen, damit die inneren Früchte nicht verletzt werden.

3. Auf dem Markt wird die Frucht halbiert oder scheibenweise angeboten.

4. Die essbaren Teile liegen im Inneren in einem bizarren Gebilde dicker Fäden.

5. Die Fruchtstücke aus den Lamellen brechen. Das Fruchtfleisch schmeckt frisch am besten.

6. Einzelne Fruchtstücke aufreißen und die Kerne entfernen.

7. Die Kerne sind essbar, müssen aber vor dem Verzehr gekocht oder geröstet werden.

Jackfrucht-Marmelade mit Kaki-Stückchen

Zutaten:

1 Jackfrucht
1–2 Kakis
1 Päckchen Zitronensäure
500 g „2 zu 1"-Gelierzucker

Zubereitung:

1. Die Jackfrucht wie beschrieben auslösen. Die gelben Fruchtsegmente vom Kern befreien und so viele Fruchtteile mit einem Pürierstab oder im Mixer zerkleinern, bis 900 ml Fruchtmus erreicht sind.

2. Die Kakis häuten und in Würfel schneiden.

3. Das Fruchtmus mit der Zitronensäure und dem Gelierzucker mischen und unter ständigem Rühren zum Kochen bringen. Mindestens drei Minuten sprudelnd kochen lassen. Jetzt die Kakiwürfel dazugeben und weitere zwei bis drei Minuten unter Rühren kochen.

4. Die Marmelade vom Herd nehmen, sofort in Gläser füllen und fest verschließen. Achtung: Unbedingt auf saubere Gläser achten!

Johannisbrot

Ceratonia siliqua

Herkunft

Johannisbrot ist eine Hülsenfrucht, die auf den Märkten mediterraner Länder eine Selbstverständlichkeit ist, bei uns aber nur höchst selten angeboten wird. Der Johannisbrotbaum ist eine der ältesten Kulturpflanzen des Orients und des östlichen Mittelmeers. Er wird bereits in der Bibel genannt, wo seine Schoten Johannes den Täufer in der Wüste ernähren, daher kommt auch der Name. Heute findet man Kulturen des Baumes in allen trockenen und warmen Mittelmeergebieten, vor allem in Spanien.

Form, Farbe und Geschmack

Die gut 20 cm lange und bis zu 2 cm dicke Frucht beinhaltet 12 bis 16 harte, von rötlich braunem Fruchtfleisch umgebene Samenkerne. Das am Anfang säuerlich schmeckende Fruchtfleisch entwickelt seine Süße erst nach einiger Zeit und erinnert dann an Honig. Der ranzige Geruch der Frucht ist für viele gewöhnungsbedürftig. Er entsteht durch den hohen Gehalt an Buttersäure.

Wirkung

Da die Hülsen des Johannisbrotes 30 bis 50 % Zucker und 10 % Eiweiß enthalten, galt und gilt die Frucht von jeher als Nahrungsmittel in Hungerszeiten. Heute wird das Johannisbrot fast ausschließlich als Viehfutter verwendet. Im frischen Zustand wirkt die Frucht leicht abführend, getrocknet dagegen als ein zuverlässiges Heilmittel gegen Durchfall. Sie enthält viel Kalzium und Phospor.

1. Johannisbrot ist ein bekannter Begriff, aber viele wissen nicht, wie es aussieht.

2. In den Schoten liegen dunkelbraune, harte, bohnenähnliche Kerne.

3. Die Schoten werden einfach nur gekaut.

Was Sie beim Kauf und der Verwendung beachten sollten

Johannisbrot schmeckt am besten roh nach dem Waschen und gut gekaut. Es muss im Ganzen gegessen werden, weil es nicht geschält werden kann. Trocken und kühl gelagert, sind die Schoten ca. eine Woche haltbar.

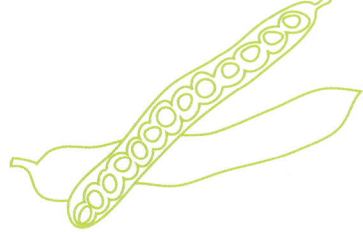

Müsli mit Johannisbrot

Zutaten:

Für 1 Person

1–2 Schoten Johannisbrot
Müslimischung
Milch oder Orangensaft
zum Auffüllen

Zubereitung:

1. Das Johannisbrot mit einem kleinen Messer an der Seite einritzen und aufbrechen, die Kerne entfernen und die Schoten einige Stunden in Wasser aufquellen lassen. Das Johannisbrot aus dem Wasser nehmen und in einer Küchenmaschine bis zur gewünschten Feinheit zerkleinern.

2. Die Müslimischung in eine Schale geben und mit Milch oder Orangensaft auffüllen. Das Johannisbrot-Mehl darüberstreuen. Wer mag, kann noch einen Löffel Joghurt oder Quark dazugeben.

Kakaoschote

Theobroma cacao

Herkunft

Der Kakaobaum gehört zu den Sterkuliengewächsen und bringt etwa 20 Arten hervor, die aus Südmexiko und dem nördlichen Südamerika stammen. Heute stammen die meisten Kakaoschoten aus Westafrika. Im 16. Jahrhundert fand die begehrte Schote ihren Weg nach Europa, spielte aber erst im 19. Jahrhundert eine wichtigere Rolle, als in den Niederlanden die Kakaoentölung erfunden wurde.

Form, Farbe und Geschmack

Die rundlich spitzen, bis zu 30 cm langen Früchte können bei Vollreife von gelb über rot bis braun gefärbt sein. Sie bergen im Inneren in fünf Reihen etwa 25 bis 50 bohnenförmige Samen, die in ein rotes, süßliches Fruchtfleisch eingebettet sind. Diese Samen liefern den Kakao. Roh-Kakao ist das Ausgangsmaterial für Kakaopulver, -butter und Schokolade.

Wirkung

Kakaobohnen enthalten 45 bis 60 % Fett, etwa 15 % Eiweiß und 10 % Stärke. Durch technische Entölung ist im Kakaopulver kaum noch Fett enthalten. Als Nebenerzeugnis fällt Kakaobutter an, die mit ihrem hohen Fettgehalt die Grundlage für Schokolade und Kosmetika bildet. Kakaopulver wurde eine Blutdruck senkende Wirkung nachgewiesen.

Was Sie beim Kauf und der Verwendung beachten sollten

Kakaoschoten dürfen nicht überlagert sein. Nach dem Herausbrechen die Bohnen waschen und trocknen. Um Pulver zu erhalten, müssen sie geröstet, gebrochen und von Schale und Keimling befreit werden. Das gemahlene Pulver erhält seinen Geschmack durch Würzmittel.

1. Kakaoschoten haben eine gelbbraune, geriffelte Schale.

2. Die Schale mit einem Sägemesser der Länge nach durchschneiden.

3. Die weiß bis rosafarben ummantelten Kerne aus der Schale lösen.

4. Mit einem kleinen scharfen Messer die Ummantelung einritzen und abziehen.

5. Frische Kerne in einer Kaffeemühle, …

6. … Handmühle oder Moulinette mahlen.

Marmorierte Erdnuss-Brownies

Zutaten:

Für 16 Stück

50 g weiche Butter
oder Margarine
300 g Zucker
1 Ei
3 Eiweiß
2 TL Vanilleessenz
175 g Mehl
50 g Kakao
½ TL Salz
¼ TL Backpulver
Fett für die Form
90 g USA-Erdnusscreme,
crunchy
50 g Frischkäse,
Rahmstufe
Backform mit 18 x 18 cm

Zubereitung:

1. Den Backofen auf 180° C, Gas Stufe 2–3, Umluft 160° C vorheizen. Die Butter bzw. Margarine schmelzen und mit 270 g von dem Zucker verrühren.

2. Das Ei, zwei Eiweiße und die Vanilleessenz leicht verquirlen und hinzufügen. Das gesiebte Mehl, den Kakao, das Salz und das Backpulver mischen und kurz unterrühren.

3. Die Backform fetten, zwei Drittel des Teiges hineinfüllen und glatt streichen. Die Erdnusscreme und den Frischkäse glatt rühren. Den restlichen Zucker und das dritte Eiweiß unterrühren.

4. Den hellen Teig abwechselnd mit dem restlichen dunklen Teig löffelweise in die Form geben, mit einem spitzen Messer oder einem Holzstäbchen zu einem marmorierten Muster verziehen und dabei vorsichtig glatt streichen.

5. Das Ganze im heißen Ofen etwa 28 bis 30 Minuten backen, bis die Oberfläche gerade fest ist und die Seiten sich leicht von der Form lösen. In der Form auskühlen lassen und dann in Stücke schneiden.

 **Kaki** *Diospyros kaki*

Herkunft

Die Kaki wird auch Dattelfeige oder Chinesische Dattelpflaume genannt. Sie ist eine alte ostasiatische Kulturpflanze aus Japan, China und Burma. In China sind um die 2000 Kakisorten bekannt. Heute wird die Frucht für den mitteleuropäischen Markt unter anderem auch in Italien, Spanien und Brasilien angebaut.

Form, Farbe und Geschmack

Die tomatenähnliche Frucht besitzt eine dünne, gelborange bis tiefrot glänzende Schale. Äußerlich ähnelt sie einer Fleischtomate mit vier großen Kelchblättern. Wegen ihres Gerbsäuregehaltes schmecken Kakis im unreifen Zustand bitter-herb. Erst die vollreifen Früchte schmecken saftig-süß und erinnern an eine Mischung aus Aprikose, Quitte und Birne.

Wirkung

Die Frucht ist durch den hohen Fruchtzuckergehalt (16 %) eine schnelle Kraftspenderin. Sie hat einen hohen Gehalt an Provitamin A und C und eignet sich daher für gehaltvolle Baby- und Kleinkindernahrung. Da Kakis kaum Natrium, aber viel Kalium enthalten, wirken sie entwässernd und sind für Diäten ideal.

Was Sie beim Kauf und der Verwendung beachten sollten

Kakis können wie Äpfel gegessen, aber auch gelöffelt und in Stücke geschnitten werden. Die bis zu acht enthaltenen Kerne werden nicht mitgegessen. Unreife Früchte halten sich gekühlt noch einige Tage. Das volle Aroma der Frucht ist allerdings erst entwickelt, wenn die Kaki bereits überreif ist. Dann sollte sie so schnell wie möglich verzehrt werden.

1. Kakis werden sehr oft mit der verwandten Sharonfrucht verwechselt.

2. Den Kelch der Früchte großzügig herausschneiden.

3. Die Frucht quer halbieren und das Fruchtfleisch auslöffeln.

4. Die Schale braucht man nicht mitzuessen. Man kann sie mit einem Sparschäler abschälen oder mit einem Messer abziehen.

5. Kakifrüchte eignen sich scheibenweise zur Dekoration.

6. Vor allem vollreife Früchte für den Fruchtsalat würfeln.

Exotische Quarkcreme

Zutaten:
Für 4 Personen

500 g Sahnequark
2 Eigelb
2 EL Zucker
1 Päckchen Vanillezucker
3 Kakis

Zubereitung:

1. Verrühren Sie den Quark mit den Eigelben, dem Vanillezucker und dem Zucker.

2. Die Kakis waschen, wie beschrieben schälen und in kleine Stückchen schneiden.

3. Die Fruchtmasse mit dem Quark in vier Dessertschalen geben.

Kaktusfeige

Opuntia ficus-indica

Herkunft

Die ursprünglich aus Mittel- und Südamerika stammende Kaktusfeige ist heute in vielen heißen Ländern der Erde heimisch. In Australien, Südafrika, Indien und auf Hawaii gilt die 4 m hohe Kakteenart bereits als Unkraut.

Form, Farbe und Geschmack

Die 4–10 cm langen, eiförmigen Früchte sind mit Warzen bedeckt, aus denen Stacheln wachsen. Die Schale der unreifen Frucht ist grün, verfärbt sich während der Reife aber gelb, lachsfarben oder dunkelbraun. Das rote Fruchtfleisch ist weich, geleeartig und schmeckt erfrischend süß-sauer, ähnlich der Birne. Die im Fruchtfleisch enthaltenen schwarzen Samen werden mitgegessen.

Wirkung

Die Frucht weist einen relativ hohen Wert an Vitaminen der B-Gruppe und Vitamin C sowie Kalzium auf. Die verdauungsfördernde Wirkung der Kaktusfeige ist vermutlich auf die enthaltenen Kerne und die Fruchtsäuren (Zitronen-, Apfel- und Chinasäure) zurückzuführen.

Was Sie beim Kauf und der Verwendung beachten sollten

Fassen Sie die Kaktusfeigen vorsichtig an, da die Stacheln auf der Haut Juckreiz und Entzündungen hervorrufen. Deshalb sollte die Kaktusfeige mit Messer und Gabel gegessen werden, da sich so die Schalen und Endstücke leicht entfernen lassen. Sie kann aber auch halbiert und aus der Schale gelöffelt werden. Kaktusfeigen halten sich im Kühlschrank etwa eine Woche frisch.

Die Früchte der Kaktusfeige wachsen aus dem Scheitel der Kakteensprosse heraus.

1. Die Früchte werden grün und unreif importiert.

2. Sobald sie rot werden, sind sie vollreif. Achtung: Die winzigen Stacheln sind kaum zu sehen!

3. Zum Verarbeiten immer Handschuhe, ein Tuch oder Papier verwenden.

4. Auch beim Auslöffeln die Hände schützen. Die Enden abschneiden, ...

5. ... mit einem kleinen Messer die Fruchtschale abschälen ...

6. ... und das Fruchtfleisch in Scheiben schneiden und essen oder für Salate und Dekorationen würfeln.

7. Die Kaktusfeigen mit Zitronensaft oder Eierlikör beträufeln.

 **Karambole** *Averrhoa carambola*

Herkunft

Die Karambole, auch Stern-frucht genannt, stammt ursprünglich aus Südostasien und verbreitete sich als Zier- und Obstgehölz in den Tropen und Subtropen, aber auch in verschiedenen Ländern Süd-amerikas, Asiens und Afrikas. Die meisten Importe kommen aus Malaysia.

Form, Farbe und Geschmack

Die 6–12 cm lange, glänzend grün- bis goldgelbe Beeren-frucht hat mehrere Furchen, was ihr beim Aufschneiden ein sternförmiges Aussehen ver-leiht. Ihr Fruchtfleisch ist gla-sig-gelblich, fest und saftig. Karambolen schmecken ange-nehm süßsäuerlich und erin-nern im Geschmack an eine Mischung aus Stachelbeeren, Quitten und Äpfeln. Die kleinen Kerne der Frucht können mit-verzehrt werden.

Wirkung

Die Karambole ist reich an Mineralstoffen, Provitamin A und Vitamin C. Außerdem ent-hält sie viel Oxalsäure, die den Zahnschmelz angreift und Kal-zium im Körper bindet. Karam-bolen haben eine Blutzucker senkende Wirkung und werden deshalb in der Medizin bei Diabetes-Patienten eingesetzt.

1. Die tief gefurchten Stern-früchte sind das ganze Jahr erhältlich.

2. Die Karambole quer in schmale Stücke schnei-den, sodass ...

3. ... dekorative Sterne entstehen: zum Essen, für Salate oder zum Dekorieren.

Was Sie beim Kauf und der Verwendung beachten sollten

Die Reife der Frucht ist daran zu erkennen, dass sich die Schale an den Kanten bräunlich verfärbt. Der Geschmack wird dadurch nicht beeinträchtigt. Feste und grüne Früchte sind unreif. Die Karambole hält sich gekühlt gut eine Woche frisch, bei Zimmertemperatur ca. fünf Tage. Sternfrüchte werden wie Äpfel verzehrt, die Haut kann mitgegessen werden.

Rum Cobbler

Zutaten:
Für 1 Person

100 g Früchte der Saison,
z. B. Karambole, Kiwi,
Mango usw.
5–6 Toppits-Eiskugeln
4 cl brauner Rum
1 TL Puderzucker
4 cl Sodawasser

Zubereitung:

1. Die Früchte putzen, waschen und in Stücke schneiden.

2. Die Toppits-Eiskugeln im Ice-Crusher zerkleinern. Ein Long-Drink-Glas mit dem zerstoßenen Eis befüllen, den Rum darübergießen und die Früchte hinzufügen.

3. Einige Fruchtstücke in die oberen Eisschichten mischen. Den Puderzucker mit dem Sodawasser auflösen und die Zuckerlösung vorsichtig über den Cobbler gießen.

Kiwano

Cucumis metuliferus

1. Die orangefarbene Frucht hat eine stachelige Schale.

2. Im Inneren hat die Frucht geleeartiges Fruchtfleisch mit vielen essbaren Kernen.

3. Zum Auslöffeln wird die Frucht der Länge nach aufgeschnitten.

4. Das Fruchtfleisch eignet sich für Fruchtsalat oder Eis.

Herkunft

Die Heimat der Kiwano, auch Hornmelone oder Afrikanische Stachelgurke genannt, ist die Kalahariwüste in Südafrika. Sie gehört zu den Kürbisgewächsen. Heute wird sie vor allem in Neuseeland, Kenia, Israel und Portugal angebaut.

Form, Farbe und Geschmack

Die länglich runde Frucht ist etwa 7 bis 20 cm lang und 8 cm dick. Die sehr feste Schale ist zunächst grün und wechselt im Laufe der Reife zu einem leuchtenden Gelborange. Sie hat viele hornartige, spitze Auswüchse. Die Kerne im geleeartigen, grünlichen Fruchtfleisch sind essbar und schmecken erfrischend nach Melone, Limette, Banane und Gurke.

Wirkung

Die Kiwano ist sehr kalorienarm. Sie besitzt Mineralstoffe wie Kalium, Kalzium und Magnesium und geringere Mengen an Vitamin C. Kiwanos sind leicht verdaulich und sollen die Abwehrkräfte stärken.

Was Sie beim Kauf und der Verwendung beachten sollten

Bei der Ernte sind die Früchte noch dunkelgrün und sehr hart. Erst nach einer Lagerung von bis zu einem halben Jahr reifen sie heran. Reife Kiwanos kann man bei Zimmertemperatur ein bis zwei Wochen lagern. Nicht in den Kühlschrank legen, dort verderben die Früchte sehr schnell. Zum Verzehr wird die Kiwano längs aufgeschnitten und das gallertartige Fruchtfleisch ausgelöffelt.

Kiwano-Creme

Zutaten:
Für 1 Person

150 g Rahmjoghurt
100 g Quark
120 g Puderzucker
1 Kiwano
30 ml Kokossirup
4 Blatt Gelatine
250 ml süße Sahne

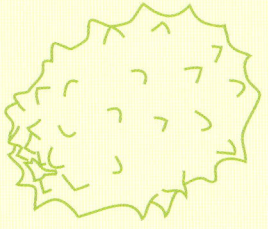

Zubereitung:

1. Den Rahmjoghurt mit dem Quark und dem Puderzucker glatt rühren.

2. Das Fruchtfleisch der Kiwano wie in der Bildfolge gezeigt ausschaben und den Kokossirup unterrühren.

3. Die Gelatine nach Packungsanweisung auflösen, in die Joghurtmischung einrühren und auf 18° C abkühlen.

4. Die Sahne nicht ganz steif schlagen und unter die Joghurtmischung ziehen.

5. Die Joghurtcreme und das Kiwanofruchtfleisch schichtweise in Schälchen füllen und zwei Stunden lang im Kühlschrank kühl stellen.

Kiwi

Actinidia chinensis

Herkunft

Seit Beginn unseres Jahrhunderts wird die Kiwi, namensgleich mit dem Nationalvogel Neuseelands, auf dieser Insel kultiviert. Ihre ursprüngliche Heimat hat die „Chinesische Stachelbeere" jedoch im chinesischen Jangtse-Tal. Trotz ihrer exotischen Heimat hat sich die Kiwi als anpassungsfähige Pflanze erwiesen und wird heute sogar in England, Holland, Frankreich und Italien gezüchtet.

Form, Farbe und Geschmack

Die längliche Frucht mit der braun behaarten Schale wird rund 10 cm lang und bis zu 5 cm dick. Das grüne, saftige und leicht glasige Fruchtfleisch enthält viele essbare, schwarze Kerne. Es schmeckt süßsäuerlich nach Stachelbeere, Melone und Erdbeere. Eine beliebte Zuchtform der Kiwi ist die Kiwi Gold. Sie erhielt ihren Namen aufgrund des goldgelben Fruchtfleischs. Sie zeichnet sich durch einen süßeren Geschmack aus. Ihre Schale ist dünner und weniger behaart.

Wirkung

Die Kiwi ist eine Vitamin-Bombe: Sie hat einen höheren Gehalt an Vitamin C als jede Zitrusfrucht (80 mg/100 g) und ist zudem noch reich an Vitamin B_3, E, Eisen, Kalium und Kalzium. Das Eiweiß spaltende Enzym Actinidin, das die Kiwi enthält, gilt als Cholesterinkiller und regt die Verdauung an. Außerdem macht es Milchprodukte, die mit rohen Kiwis in Berührung kommen, bitter und rohes Fleisch zarter.

Was Sie beim Kauf und der Verwendung beachten sollten

Reife Kiwis geben auf Fingerdruck nach. Im Kühlschrank halten sie sich bis zu vier Wochen. Unreife Früchte reifen bei Zimmertemperatur nach. Der Reifeprozess kann beschleunigt werden, indem man die Kiwis mit Äpfeln oder Bananen in einer Plastiktüte bei Zimmertemperatur liegen lässt.

1. Kiwis gibt es in vielen Züchtungen. Achten Sie darauf, dass die Schale leicht grün schimmert.

2. Mit einem scharfen Messer werden die Früchte quer durchgeschnitten. Das Fruchtfleisch dann an der dünnen Schale entlang auslöffeln.

3. Die ganzen gewaschenen Früchte in ein Spezialschneidegerät (Classy Cutter) legen und drehen.

4. Die scharfen Messer schneiden die Frucht dekorativ gezackt auseinander.

5. Mit einem Sparschäler die Frucht gleichmäßig schälen.

6. Die geschälte Frucht in Scheiben eignet sich für Dekorationszwecke oder Fruchtsalate.

Vital-Cocktail Apfel-Kiwi

Zutaten:

Für 4 Gläser à ca. 125 ml

80 ml Kühne Vitasur Original Apfelessig-Kur
400 ml Apfelsaft
2 Kiwis

Zubereitung:

1. Die Apfelessig-Kur und den Apfelsaft miteinander verrühren.

2. Die Kiwis wie beschrieben schälen, grob würfeln, dazugeben und alles pürieren.

3. Den Drink in Cocktailgläser füllen und gut gekühlt servieren.

Cocos nucifera

Herkunft

Die Heimat der Kokospalme wird in Südostasien vermutet. Sie wächst heute überall in küstennahen Niederungen der Tropen, besonders aber auf den Philippinen, in Indonesien und auf den Malaiischen Inseln.

Form, Farbe und Geschmack

Die harte, holzartige, mit braunen, kräftigen Fasern bedeckte äußere Schale, die der Steinfrucht Schwimmfähigkeit verleiht und so die Verbreitung fördert, umschließt die milchig-weiße Fruchtschale. Die Früchte können bis zu 2,5 kg wiegen. Der Hohlraum im Inneren ist mit einer weißlichen, kohlensäurehaltigen Flüssigkeit gefüllt, der Kokosmilch. Von den drei an der äußeren Oberseite befindlichen „Augen" ist eines mit einer dünnen Schalenschicht umschlossen. Aus ihm wächst der Keimling.

Wirkung

Frische Kokosnüsse enthalten kaum Zucker, Kohlenhydrate

1

2

3

4

5

6

7

und Protein, sind aber sehr reich an Fett und Ballaststoffen, verschiedenen Vitaminen der B-Gruppe und Vitamin C.

Was Sie beim Kauf und der Verwendung beachten sollten

Die Kokosnuss immer vor dem Kauf schütteln: Gluckert es im Inneren, ist noch Milch vorhanden. Fruchtfleisch mit angetrockneter Milch schmeckt unangenehm seifig. Das Kokoswasser ist in der ungeöffneten Frucht bis zu acht Monate haltbar.

1. Kokosnüsse wirken sehr dekorativ.

2. Mit einem Nagel eines der drei Augen am oberen Teil der Frucht öffnen.

3. Durch die Öffnung die Kokosmilch ausgießen.

4. Mit einem Hammer die Frucht aufschlagen und das Fruchtfleisch ausbrechen.

5. Die von der äußeren Schale befreiten Stücke schälen und essen oder zum Kochen bzw. Backen raspeln.

6. Die goldgelbe Trinkkokosnuss wird meist bei Exotenhändlern angeboten. Sie ist von der äußeren Schale bereits befreit.

7. Die Trinkkokosnuss mit einer Säge öffnen – sie enthält viel Kokoswasser.

Süße Ananas-Kokos-Gnocchi

Zutaten:
Für 4 Personen

Für die Gnocchi:
500 g mehligkochende Kartoffeln
50 g GOLDPUDER Auslesemehl Type 405
50 g GOLDPUDER Hartweizen-Grieß
1 Eigelb, 2 EL Zucker
1 Vanilleschote

Für den Früchtesud:
50 g Kokosraspel
2 EL Butter, 2 EL Honig
1 Dose Ananasstücke (432 g)
250 g Erdbeeren
2 EL gehackte Minze
evtl. ein paar Minzeblättchen zum Garnieren

Zubereitung:

1. Für die Gnocchi die Kartoffeln in reichlich Salzwasser zum Kochen bringen. Bei geschlossenem Deckel ca. 20 Minuten köcheln lassen, abgießen, pellen, ausdämpfen lassen und durch eine Kartoffelpresse drücken.

2. Mehl, Grieß, Eigelb und Zucker untermischen. Die Vanilleschote halbieren, das Mark herauskratzen und zur Kartoffelmasse geben.

3. Den Teig zu kleinen Kugeln formen, mit einer Gabel eindrücken und in reichlich siedendem Wasser so lange blanchieren, bis die Gnocchi an die Oberfläche kommen. Die Gnocchi abgießen und mit kaltem Wasser abschrecken.

4. Für den Früchtesud die Kokosraspel fettfrei rösten. Die Butter in einer Pfanne schmelzen, den Honig dazugeben und karamellisieren lassen.

5. Die Ananasstücke und den Ananassaft dazugeben, erhitzen und die Flüssigkeit etwas einreduzieren lassen. Die Gnocchi und die Kokosraspel untermischen und kurz erhitzen.

6. Die Erdbeeren waschen, putzen und in Scheiben schneiden.

7. Die Gnocchi mit der Fruchtsoße auf vier Tellern verteilen, mit der Minze bestreuen, mit Erdbeerscheiben und nach Wunsch mit Minzeblättchen garniert servieren.

Kumquat

Fortunella margarita

Herkunft

Kumquats gehören zu den Zitrusfrüchten und kommen ursprünglich aus Südchina, wachsen heute aber in allen warmen Ländern, in denen es auch Orangen gibt. Hauptproduzenten sind China, Japan und Brasilien. Kumquat-Bäumchen gedeihen auch im Blumentopf auf der Fensterbank.

Form, Farbe und Geschmack

Die pflaumengroßen Früchte sind leuchtend orangefarben und werden mit der dünnen, süßen Schale verzehrt. Das in vier bis sieben Fächer aufgeteilte Fruchtfleisch schmeckt leicht würzig und säuerlich, ähnlich wie Orangen, und enthält weiche Kerne. Die Schale duftet aromatisch und schmeckt würzig süß.

Wirkung

Kumquats enthalten etwas mehr Zucker als die mit ihnen verwandten Orangen. Sie sind sehr fettarm und verfügen über reichlich Kalzium, Eisen, Vitamin C und Provitamin A. Sie sollen eine entwässernde Wirkung haben.

1. Kumquats ähneln Miniorangen. Kaufen Sie nur feste, leicht glänzende Früchte.

2. Ob ganz oder halbiert – Kumquats sind sehr dekorativ.

3. Für Fruchtsalate werden die Früchte in Scheiben geschnitten.

4. Wenn man die Kumquats einfriert, kann man sie als dekorative Eiswürfel für Drinks verwenden.

Was Sie beim Kauf und der Verwendung beachten sollten

Da die Frucht nicht gedüngt oder chemisch konserviert wird, kann die Schale bedenkenlos mitgegessen werden, ebenso wie die im Fruchtfleisch enthaltenen weichen Kerne. Bei kühler Lagerung (nicht im Kühlschrank) bleiben die kleinen Früchte bis zu vier Wochen frisch.

Kumquat-Joghurt-Torte mit Marzipan

Zutaten:

Für 12 Stücke

Für die Biskuitmasse:
2 Eiweiß
80 g Zucker
1 TL natürliches Orangen-Aroma, z. B. UBENA
2 Eigelb
30 g Mehl
30 g Speisestärke, z. B. MONDAMIN
1 gestrichener TL Backpulver
50 g gemahlene Mandeln
20 g abgekühlte, noch flüssige Butter
Springform mit 26 cm Durchmesser

Für den Belag:
2 EL Orangenmarmelade
200 g Marzipan-Rohmasse
75 g Puderzucker
250 g Kumquats
750 g Naturjoghurt
150 g Zucker
5 EL Orangenlikör
12 Blatt weiße Gelatine
200 g süße Sahne
50 g Haselnusskrokant

Zubereitung:

1. Die zwei Eiweiße und zwei Esslöffel kaltes Wasser mit einem Handrührgerät auf der höchsten Schaltstufe sehr steif schlagen. Den Zucker und das Orangen-Aroma unter Schlagen einrieseln lassen und das Gerät auf die niedrigste Stufe umschalten.

2. Das Eigelb leicht unter die Eiweißmasse ziehen, gesiebtes Mehl, Speisestärke, Backpulver und Mandeln mischen und das Gemisch darunterheben. Zuletzt die flüssige Butter unter die Biskuitmasse ziehen.

3. Die Biskuitmasse in die nur am Boden gefettete Springform füllen und im vorgeheizten Backofen bei 200° C, Gas Stufe 3–4, Umluft 180° C etwa 15 Minuten backen. Nach dem Backen den Tortenboden in der Springform erkalten lassen.

4. Den Tortenboden mit der Orangenmarmelade bestreichen. Die Marzipan-Rohmasse mit dem Puderzucker verkneten, dünn ausrollen, einen Kreis in Tortenbodengröße ausschneiden und auf den Tortenboden legen.

5. Die Kumquats waschen und in dünne Scheiben schneiden. Den Joghurt mit dem Zucker und Orangenlikör verrühren. Die eingeweichte, ausgedrückte und aufgelöste Gelatine in die Joghurtmasse rühren. Sobald die Masse anfängt steif zu werden, 200 g von den Kumquatscheiben und die steif geschlagene Sahne darunterheben.

6. Die Joghurt-Kumquat-Masse auf dem Tortenboden verteilen, glatt streichen und die Torte im Kühlschrank fest werden lassen. Den Haselnusskrokant erst kurz vor dem Servieren darüberstreuen und die Torte mit den restlichen Kumquat-Scheiben dekorieren.

Limette

Citrus aurantiifolia

Herkunft

Die Limette gehört zu den Zitrusfrüchten und stammt vermutlich aus Malaysia. Heute findet man Kulturanpflanzungen der „Zitrone der Tropen" in ganz Südostasien. Sie wird oftmals auch als Limone bezeichnet. Hauptanbaugebiete sind heute Mexiko und die Karibischen Inseln.

Form, Farbe und Geschmack

Die meist kernlose 5 bis 6 cm große Frucht ist länglich bis oval, hat je nach Sorte eine dünne, grüne oder gelbe, glattglänzende bis höckrige Schale und schmeckt herb-sauer. Das Fruchtfleisch enthält etwa doppelt so viel Saft wie das der Zitrone.

Wirkung

Limetten sind reich an Kalium, Kalzium, Eisen, Folsäure und Phosphor, besitzen aber einen geringeren Vitamin-C-Gehalt als die Zitrone. Durch ihren milderen Geschmack können sie in größeren Mengen verzehrt werden. Ihr Saft soll bei Erkältungen das Immunsystem unterstützen.

Was Sie beim Kauf und der Verwendung beachten sollten

Die Limette vor dem Auspressen über den Tisch rollen, damit sich der Saft sammelt. Die Lagerfähigkeit der Limette ist schlechter als die der Zitrone, weil die Früchte meistens unbehandelt sind und schnell an Wasser verlieren. Kleinere Portionen von Limettensaft halten sich jedoch mehrere Monate im Tiefkühlfach.

1. Limetten sind zitronenförmige, dunkelgrüne Früchte, deren Farbe sich mit zunehmender Reife aufhellt.

2. Zum Auspressen werden die Früchte quer aufgeschnitten.

3. Auf der Zitruspresse auspressen.

4. Zum Dekorieren sternförmig aufschneiden.

5. Die Schale oder Scheiben von unbehandelten Limetten eignen sich sehr gut als Dekoration für Cocktailgläser.

6. Die Frucht über den Tisch rollen, damit sie geschmeidiger wird und beim Auspressen mehr Saft gibt.

Limetten-Biskuit-Torte

Zutaten:

Für 12 Stücke

Für den Biskuitboden:
4 Eier
2 EL Vanillezucker
150 g Zucker
160 g GOLDPUDER Auslesemehl Type 405
3 TL Backpulver
50 g gemahlene Haselnüsse
150 g Limettenmarmelade
Springform mit 26 cm Durchmesser

Für die Creme:
2–3 unbehandelte Limetten
750 g Joghurt
100 g Zucker
3 EL trockener Weißwein
3 Eiweiß
1 Becher süße Sahne (200 ml)
9 Blatt weiße Gelatine

Für die Dekoration:
2 Becher süße Sahne à 200 ml
2 unbehandelte Limetten
Zitronenmelisse

Zubereitung:

1. Für den Biskuitboden die Eier trennen, die Eigelbe mit dem Vanillezucker und dem Zucker weiß-schaumig schlagen, das Eiweiß getrennt steif schlagen. Mehl und Backpulver auf die Eigelbmasse sieben, den Eischnee hinzufügen und beides mit den Haselnüssen vorsichtig unterziehen.

2. Den Teig in die mit Backpapier ausgelegte Springform füllen, die Oberfläche glatt streichen, im vorgeheizten Backofen bei 180° C, Gas Stufe 2–3, Umluft 160° C ca. 30 Minuten backen und auskühlen lassen.

3. Den Boden zweimal durchschneiden und die beiden unteren Böden

mit der Limettenmarmelade bestreichen. Für die Creme die Schale der Limetten waschen, abreiben, den Saft auspressen und mit dem Joghurt, Zucker und Weißwein verrühren.

4. Das Eiweiß und die Sahne getrennt steif schlagen. Die Gelatine nach Packungsanweisung einweichen, ausdrücken, auflösen und mit der steif geschlagenen Sahne und dem Eiweiß unter die Joghurtcreme ziehen.

5. Um den untersten Tortenboden einen Tortenring legen, den Boden mit der Hälfte der Creme bestreichen, den

zweiten Boden darauflegen und etwas andrücken.

6. Die restliche Creme darauf verteilen, mit dem letzten Boden abdecken und die Torte ca. zwei Stunden kalt stellen.

7. Für die Dekoration die Sahne steif schlagen, die Limetten waschen, abtupfen, in dünne Scheiben schneiden und halbieren. Die Oberfläche und die Seiten der Torte mit zwei Dritteln der Sahne bestreichen und mit der restlichen Sahne, den halbierten Limettenscheiben und ein paar Zitronenmelisseblättchen verzieren.

Litschi

Litchi chinensis

Die Litschi, die auch Lychee, Litchee oder Litschipflaume heißt, ist schon seit mehr als 4000 Jahren in Süd-China bekannt, wo sie an Flussufern und Küsten wächst. Sie gilt als die feinste der chinesischen Früchte und hat heute den gesamten tropischen und subtropischen Raum Asiens erobert. Haupterzeuger sind Taiwan, China und Indien.

1. Litschis haben eine schuppenartige Haut. Nur das milchig-weiße Fruchtfleisch ist essbar.

2. Von der mit ihnen verwandten Longan unterscheiden sie sich durch die etwas glattere Haut.

3. Die Haut mit einem Messer einritzen.

4. Die Haut abziehen, das Fruchtfleisch essen und den Kern ausspucken.

5. Für ein Dessert das Fruchtfleisch aufschneiden und den Kern entfernen.

Form, Farbe und Geschmack

Die dünne Schale der Litschi ist ocker-rosafarben bis rötlich und wie kleine Kiefernzapfen genoppt. Das geleeartig feste Fruchtfleisch ist perlmuttweiß und von herrlich süßsaurem Geschmack, der oft als sauerkirschähnlich und mit Muskat- oder Rosenduft umschrieben wird. Im Fruchtinneren befindet sich ein glatter, brauner, etwa bohnengroßer Kern, der nicht essbar ist.

Wirkung

Der Gehalt der Frucht an Vitamin C ist ähnlich hoch wie der der Zitrone, sie besitzt jedoch mehr Zucker. Weiterhin enthält die Litschi Vitamin A, Vitamine der B-Gruppe und mehr als 40 Aromastoffe.

Was Sie beim Kauf und der Verwendung beachten sollten

Reife Litschis erkennt man an der rosaroten bis dunkelroten Schale, ist die Schale dunkel und hart, ist die Frucht schon überlagert. Kaufen Sie keine von Schimmel befallenen Früchte. Nach dem Kauf halten sich frische Früchte etwa eine Woche im Kühlschrank. Sie eignen sich auch zum Einfrieren und Konservieren, allerdings ohne Schale und Kern. Werden sie erhitzt, verlieren sie an Geschmack, Vitaminen und Weichheit.

Avocado-Litschi-Kompott

Zutaten:
Für 4 Personen

1 Dose Litschis
2 Orangen
2 Avocados
etwas Zitronensaft
4 EL Quittenmarmelade
etwas Nusskrokant

Zubereitung:

1. Die Litschis abtropfen lassen und den Sirup auffangen.

2. Die Orangen filetieren, die Avocado schälen, das Fruchtfleisch würfeln und sofort mit dem Zitronensaft beträufeln.

3. Die Quittenmarmelade mit fünf Esslöffeln von dem aufgefangenen Litschisirup verrühren und bei geringer Hitze schmelzen.

4. Die Litschi- und Orangenstücke sowie das Avocadofruchtfleisch darin erhitzen und kurz vor dem Servieren mit dem Nusskrokant bestreuen.

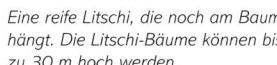
Eine reife Litschi, die noch am Baum hängt. Die Litschi-Bäume können bis zu 30 m hoch werden.

Loquat

Eriobotrya japonica

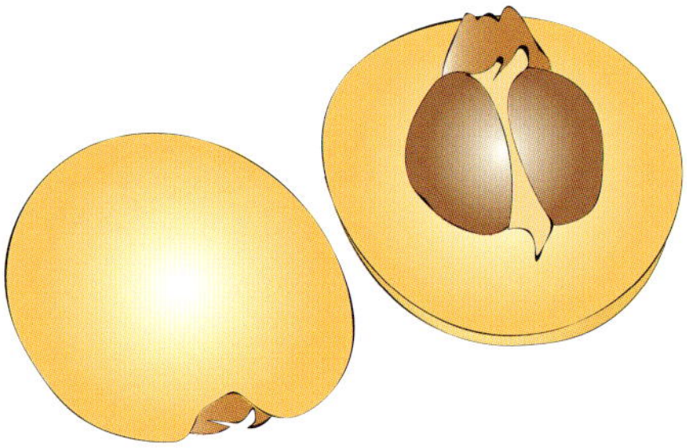

1

2

3

4

5

6

7

Herkunft

Die Loquat, die Japanische Mispel, wird schon seit langer Zeit in Südostchina und Japan angebaut. Sie ist die einzige der ca. 30 Wollmispel-Arten, die eine Bedeutung als Obstgehölz hat. Im 19. Jahrhundert wurde die Loquat in den Mittelmeerraum eingeführt, wo sie seitdem auch als Zier- und Fruchtbaum kultiviert wird. Die meisten Früchte werden aus Italien, Spanien, Frankreich und der Türkei eingeführt.

Form, Farbe und Geschmack

Die pflaumengroßen, blassgelben bis rötlich braunen Mispeln sind leicht behaart, haben eine dünne, zähe Haut und festes, gelbes Fruchtfleisch mit drei bis sechs Steinkernen. Sie schmecken angenehm süßsäuerlich wie eine Mischung aus Apfel und Birne.

Wirkung

Neben dem Apfelsäure- und Pektingehalt ist der Gehalt an Provitamin A beachtlich. Außerdem enthalten Loquats viel Kalzium und Phosphor. Bereits im Mittelalter kannte man die Heilwirkung der Mispeln bei Durchfall, Erbrechen und Fieber. Als Kompott, entweder mit Wasser oder mit Wein zubereitet, wirken sie darmregulierend.

Was Sie beim Kauf und der Verwendung beachten sollten

Bei kühler Lagerung sind die Früchte mehrere Wochen haltbar. Sie eignen sich zum Rohessen nur in vollreifem und frischem Zustand. Reife Früchte haben kleine braune Flecken auf der Haut. Ist die Fruchtschale makellos, ist sie noch nicht reif. Die Haut der Loquat ist sehr gerbstoffreich und sollte vor dem Verzehr entfernt werden. Sie lässt sich problemlos abziehen.

1. Ist die Loquat außen makellos, ist sie in der Regel noch unreif.

2. Die wie mit Wolle behaarten Mispeln mit einem Messer einritzen.

3. Die ungenießbare Schale mit dem Messer abziehen. So erinnert die Frucht an eine Aprikose.

4. Die geschälte Frucht wird mit einem Messer der Länge nach bis zum Stein eingeschnitten.

5. Die im Inneren liegenden Kerne mit einem Messer oder mit den Fingern herausnehmen.

6. Halbierte geschälte Früchte für Dekorationen in gleichmäßige Spalten schneiden.

7. Für Fruchtsalate werden die Loquats in Stücke geschnitten. Damit sie nicht braun werden, mit Zitronensaft beträufeln.

Mandarine

Citrus reticulata

Herkunft

Die ursprüngliche Mandarine hat ihre Heimat in Südostasien und kam Mitte des 19. Jahrhunderts nach Europa. Die Bezeichnung „Mandarine" wird heute als Sammelbegriff für die unzähligen Varietäten und Kreuzungen verwendet, die es mittlerweile gibt. Sie wird in fast allen Mittelmeerländern in großer Vielfalt angebaut. Die bekanntesten Sorten sind die Clementinen, Satsumas und Tangerinen.

Form, Farbe und Geschmack

Mandarinen unterscheiden sich von Orangen durch ihre dünne, leicht ablösbare Schale, ihre kleinere Größe und ihr süßeres Fruchtfleisch. Die 5 bis 7 cm großen, stark abgeflachten, kugeligen Früchte sind in acht bis zehn Segmente aufgeteilt.

Wirkung

Die Mandarine hat einen hohen Gehalt an Vitamin C, Vitamin A und Betacarotin. Das Fruchtfleisch wirkt verdauungsfördernd. Da Mandarinen viel Säure enthalten, sollten Allergiker nicht zu große Mengen an Zitrusfrüchten verzehren. Unangenehm juckende Hautausschläge könnten die Folge sein.

Was Sie beim Kauf und der Verwendung beachten sollten

Mandarinen, Clementinen, Satsumas und Tangerinen werden geschält und roh verzehrt. Bei Zimmertemperatur halten sich die Früchte etwa eine Woche. Achtung: Weil ihre Lagerfähigkeit begrenzt ist, werden Mandarinen meist chemisch behandelt!

1. Mandarinen gibt es in vielen Sorten, wie hier die Satsumas, auf dem Markt.

2. Satsumas und Clementinen sind im Vergleich zu anderen Mandarinen überwiegend kernlos.

3. Mandarinen und ihre Artgenossen lassen sich sehr leicht mit der Hand schälen und in Spalten teilen.

4. Die Frucht eignet sich zur Dekoration auf großen Platten.

5. Zum Auspressen wird die Frucht quer durchgeschnitten und auf einer kleinen Presse ausgedrückt.

Mandel-Ricotta-Torte mit Mandarinen

Zutaten:

Für 12–16 Stücke

Für den Teig:
5 Eier
200 g Puderzucker
100 g GOLDPUDER Auslesemehl Type 405
1 TL Backpulver
50 g gemahlene Mandeln
Springform mit einem Durchmesser von ca. 26 cm

Für die Füllung:
3 Dosen Mandarinen à 312 g
9 EL Zucker
2 Päckchen klarer Tortenguss

600 ml süße Sahne
3 Päckchen Sahnesteif
400 g Ricotta
2 EL Karamellsirup

Zubereitung:

1. Den Backofen auf 180° C, Gas Stufe 2–3, Umluft 160° C vorheizen. Die Eier trennen und das Eiweiß steif schlagen. Die Eigelbe mit dem Puderzucker cremig-schaumig aufschlagen. Das Mehl und das Backpulver mischen und mit den Mandeln unterrühren.

2. Den Eischnee vorsichtig unter die Mehl-Puderzucker-Masse heben, den Teig in die mit Backpapier ausgelegte Springform fül-

len und im vorgeheizten Backofen ca. 20 bis 25 Minuten backen. Den Kuchen aus der Form lösen, auf einem Kuchengitter erkalten lassen und zweimal waagerecht durchschneiden.

3. Für die Füllung die Mandarinen abtropfen lassen und den Saft dabei auffangen. Nach Packungsanweisung mit den Tortengusspäckchen, zwei Esslöffeln Zucker und dem Mandarinensaft einen Tortenguss herstellen. Einige Mandarinenspalten zum Garnieren beiseitelegen, die anderen vorsichtig unterheben.

4. Die Sahne mit drei Esslöffeln Zucker und dem Sah-

nesteif steif schlagen. Den Ricotta mit dem Karamellsirup verrühren und ein Drittel der Sahne untermischen. Das Mandarinenkompott auf dem Kuchenboden verteilen, den zweiten Boden darauflegen und diesen mit Ricotta-Creme bestreichen.

5. Den Tortendeckel aufsetzen und den Kuchen mit der restlichen Sahne bestreichen. Den restlichen Zucker in einem Topf goldbraun karamellisieren lassen, damit Fäden auf Backpapier ziehen und fest werden lassen. Die Torte mit den restlichen Mandarinen und den Karamellornamenten dekoriert servieren.

Mango

Mangifera indica

Herkunft

Mangos sind in Indien und Burma bereits seit 5000 Jahren bekannt. Heute wird der bis zu 25 m hohe, einer Kastanie ähnelnde Baum in allen tropischen Ländern angebaut. Der Mangobaum gehört zu den populärsten tropischen Fruchtbäumen.

Form, Farbe und Geschmack

Die länglich ovale Frucht ist je nach Sorte zwischen 7 und 20 cm lang und ist umgeben von einer ungenießbaren Außenhaut mit einem Farbspektrum von grüngelb bis rötlich orange. Im Inneren des orangefarbenen Fruchtfleisches mit seinem mitunter terpentinartig anmutenden, herbsüßen Geschmack liegt ein flacher, sehr großer, faseriger Stein.

Wirkung

Die Frucht hat den höchsten Gehalt an Provitamin A unter sämtlichen Obstsorten und spielt somit eine beachtliche Rolle für unsere Ernährung. Außerdem ist die Mango noch reich an Vitamin C, E, Kalzium, Eisen, Kalium und Magnesium. Aufgrund ihrer milden Säure ist die Mango auch Magenempfindlichen zu empfehlen.

Was Sie beim Kauf und der Verwendung beachten sollten

Mangos variieren je nach Sorte in Farbe und Gewicht. Den Reifezustand kann man daher nicht an der Farbe erkennen, sondern daran, dass das Fruchtfleisch auf Druck leicht nachgibt. Der manchmal störende Terpentingeschmack der Frucht kann gemildert werden, indem man sie eine halbe Stunde vor dem Verzehr in den Kühlschrank legt. Nach dem Verzehr von Mangos sollte man mindestens zwei Stunden lang weder Alkohol noch Milch trinken. Starke Magenkrämpfe können sonst die Folge sein! Reife Früchte halten sich ca. drei bis vier Tage.

Erdbeer-Mango-Torte mit gehackten Pistazien

Zutaten:

Für 10–12 Stücke

Für den Teig:
Fett für die Form
100 g Butaris, weich
100 g Zucker
2 Eier (Größe M)
150 g Mehl
1 TL Backpulver
Backform mit 26 x 26 cm

Für den Belag:
4 Mangos à 400 g
500 g Erdbeeren
500 g Magerquark
80 g Zucker
1 Päckchen Vanillezucker
6 EL Zitronensaft
600 ml süße Sahne

8 Blatt Gelatine
1 Päckchen heller Tortenguss
25 g gehackte Pistazien

Außerdem:
Zitronenmelisse zum Garnieren

Zubereitung:

1. Den Backofen auf 170° C, Gas Stufe 2–3, Umluft 150° C vorheizen und die Backform einfetten. Für den Teig das Butaris schaumig rühren. Den Zucker hinzugeben und verrühren. Die Eier nach und nach in die Butaris-Zucker-Masse rühren. Das gesiebte Mehl und das Backpulver vermischen und in die Eier-Butaris-Masse rühren.

2. Den Teig in die gefettete Form geben. Ersatzweise können Sie auch einen Backrahmen auf die gewünschte Größe einstellen. Den Boden im vorgeheizten Ofen ca. 35 bis 40 Minuten backen, anschließend aus der Form nehmen und drei bis vier Stunden auskühlen lassen.

3. Für den Belag die Mangos schälen und in Stücke schneiden. Die Erdbeeren waschen, putzen und halbieren. Dann Quark, Zucker, Vanillezucker und Zitronensaft miteinander verrühren und die Sahne steif schlagen. Die Gelatine in kaltem Wasser einweichen, tropfnass bei milder Hitze auflösen und in die Quarkmasse rühren.

4. Zwei Drittel der Mangos und die Sahne unter die Quarkmasse heben. Den Boden auf eine Platte legen, mit dem Backrahmen umlegen und die Quarkmasse auf den Boden füllen. Die Torte drei bis vier Stunden im Kühlschrank fest werden lassen.

5. Die Erdbeeren und die restlichen Mangostücke auf den Kuchen geben. Den Tortenguss nach Packungsanweisung zubereiten und über den Früchten verteilen. Die Pistazien darüberstreuen, den Kuchen in Stücke schneiden und jedes Stück mit ein paar Zitronenmelisseblättchen garnieren.

---

1. Mangos sind das ganze Jahr erhältlich. Ihre Farbe variiert zwischen dunkelgrün bis gelb und rot.

2. Da die Schale ungenießbar ist, muss man die Frucht schälen.

3. Die Früchte der Länge nach mit einem Sparschäler schälen.

4. Aus der geschälten Frucht entweder mit einem scharfen Messer Spalten herausschneiden ...

5. ... oder direkt an dem mit dem Fruchtfleisch verbundenen Kern entlang Spalten schneiden.

6. Ein paar Stücke würfeln und mit den Spalten anrichten.

Mangostane

Garcinia mangostana

1. Die harte, holzartige Schale der Mangostane lässt die Qualität der Frucht nicht erkennen.

2. Die äußere Schale mit einem scharfen Küchenmesser rundum einschneiden.

3. Durch leichtes, entgegengesetztes Drehen löst sich die Schale vom Fruchtfleisch.

4. Die restliche Schale abbrechen und den Stielansatz herausdrehen.

5. Das weiße Fruchtfleisch ist in Segmente unterteilt. Die Frucht wird nur roh gegessen.

6. Für Fruchtsalate den in den Segmenten liegenden Kern herausschneiden.

Herkunft

Mangostanen stammen aus den Regenwäldern Malaysias. Inzwischen wird der empfindliche und ziemlich anspruchsvolle Tropenbaum, der die Mangostane trägt, auch in Thailand, Indonesien, Mittelamerika und Brasilien angebaut. Er wird bis zu 25 m hoch und wächst verhältnismäßig langsam. Es gibt bis zu 200 Arten der Mangostane.

Form, Farbe und Geschmack

Die kleinen, etwa 4 bis 7 cm großen, rundlichen, etwas abgeflachten Früchte haben eine dicke, ledrige Schale mit vier holzigen Kelchblättern am Stielansatz. Die Schale ist rotbraun bis violett und oft fleckig. Darunter befindet sich das in fünf bis acht Segmente geteilte, cremige, weiß-rötliche Fruchtfleisch mit einigen kleinen Kernen, die man mitessen kann. Das Fruchtfleisch wird sorgfältig ausgeschält und entfaltet frisch verzehrt seinen delikaten, milden, fein-säuerlichen Geschmack, der an eine Mischung aus Ananas und Pfirsich erinnert. Die Mangostane zählt zu den schmackhaftesten Tropenfrüchten.

Wirkung

Die Frucht ist kalorienarm und reich an Kalium, Kalzium, Eisen, Zink, den Vitaminen B, C und Stärke.

Was Sie beim Kauf und der Verwendung beachten sollten

Die tropischen Früchte werden vollreif geerntet, denn sie reifen nicht nach. Verzehren Sie die Früchte am besten gleich nach dem Kauf frisch und gut gekühlt. Sie halten sich zwar ein paar Tage im Kühlschrank, verlieren aber sehr schnell an Qualität. Außerdem sind Mangostanen sehr geruchsempfindlich, weshalb sie in einem geschlossenen Gefäß aufbewahrt werden sollten. Zum Einmachen eignen sie sich nicht, weil sie dabei viel von ihrem Geschmack verlieren. Beim Aufschneiden sondert die Außenhaut einen harzigen Saft (Tannin) ab, der auf Textilien hartnäckige dunkelrote Flecken hinterlässt, die nur schwer zu entfernen sind. Dieser Farbstoff wird in vielen Ländern zum Färben von Leder verwendet.

 **Maniok** *Manihot esculenta*

Herkunft

Die Maniok-Staude stammt aus einem Gebiet, das vom Amazonas bis nach Zentralamerika reicht. Heute wird Maniok überwiegend in Brasilien, Nigeria und Thailand angebaut. Die Wurzeln können jahrelang ohne zu verderben im Boden bleiben. Wegen seines Stärkegehaltes ist Maniok für viele Millionen Menschen in Asien, Afrika und Südamerika ein Grundnahrungsmittel, sozusagen die „Kartoffel der Tropen".

Form, Farbe und Geschmack

Die unregelmäßig braunen Maniokknollen sind etwa bis zu 90 cm lang und haben weißes Fruchtfleisch. Die Schale ist rindenartig, leicht braun behaart und eingewachst. Die Knollen können mehrere Kilo wiegen. Gekocht sind sie sehr mehlig.

Wirkung

Maniok ist sehr stärkehaltig und enthält Vitamin C, Kalium, Kalzium und Eisen.

Was Sie beim Kauf und der Verwendung beachten sollten

Die Knollen dürfen wegen ihres Gehaltes an Blausäure-Verbindungen in ihrem milchigen Saft nicht roh verzehrt werden. Die Blausäure verflüchtigt sich durch Erhitzen. Man kann die Knollen wie Kartoffeln kochen, rösten oder zu Mehl verarbeiten. Die Knollen sind nicht lange lagerfähig.

1. Maniokknollen sind in der Regel lange Knollen. Ihre Schale ist gewachst.

2. Das Fruchtfleisch ist im rohen Zustand weiß und saftig, darf aber nie roh gegessen werden.

3. Die Knollen gründlich waschen und mit einem Sparschäler oder Küchenmesser schälen.

4. Die Knollen in Stücke schneiden und wie Kartoffeln kochen.

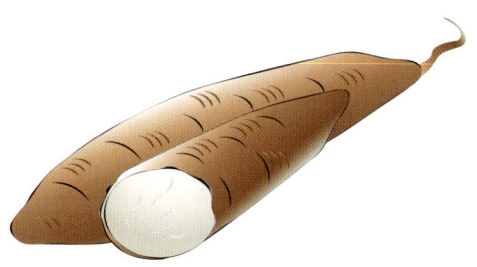

Rosmarin-Maniok

Zutaten:

Für 4 Personen

3 Maniokknollen
2 Knoblauchzehen
Salz
Pfeffer
Zitronensaft
4 Zweige frischer Rosmarin

Tipp: Maniok können Sie auch in
Alufolie im Backofen zubereiten.
Dazu die Knollen mit der Schale
kochen. Anschließend jede Knolle
quer halb öffnen, Crème fraîche
mit fein gehackten Zwiebeln und
Schnittlauch mischen, in die ge-
öffneten Knollen füllen und sofort
servieren.

Zubereitung:

1. Die Maniokknollen wie beschrieben
   waschen und schälen. Die Knoblauchzehen
   hacken.

2. Die Knollen in Stücke schneiden und mit
   Knoblauch und Salz wie Kartoffeln nicht zu
   weich kochen.

3. Die gekochten Maniokstücke in eine
   Schüssel geben und mit Pfeffer und Zitronensaft kräftig würzen.

4. Drei Rosmarinzweige waschen, klein schneiden und vorsichtig unter die gekochten
   Knollen mischen.

5. Alles in eine Glasschüssel geben und mit
   dem restlichen Rosmarinzweig garnieren.
   Als Beilage reichen.

MANNA
Cassia fistula

Herkunft

Der Manna-Baum, wegen seiner zylindrischen Hülsenfrüchte auch „Röhrenkassie" genannt, kommt aus dem tropischen Südostasien und gehört zu den Johannisbrotgewächsen. Heute findet man den Manna-Baum überall in den Tropen, wo er wegen seiner langen Blütezeit meist als Ziergehölz gepflanzt wird.

Form, Farbe und Geschmack

Die 20 bis 60 cm langen, dunkel- oder schwärzlich braunen, röhrenartigen Früchte der Röhrenkassie haben im Inneren durch dünne Querblättchen getrennte Kammern mit flachen Samenkernen. Essbar ist nur das schwärzlich braune, süße und klebrige Fruchtmark, das die Samenkerne umhüllt.

Wirkung

Manna besitzt eine mild abführende Wirkung. Deshalb macht sich auch die Arzneimittelindustrie diese Substanz zu Nutze, die außerdem zur Herstellung von Kautabak eingesetzt wird. Manna enthält viele Kohlenhydrate und ist bemerkenswert reich an Kalium, Kalzium, Eisen und Mangan.

Was Sie beim Kauf und der Verwendung beachten sollten

Die Früchte sind bei uns in Feinkostgeschäften oder Reformhäusern erhältlich. Bei Zimmertemperatur halten sie sich fünf bis sieben Tage lang. Im Unterschied zum verwandten Johannisbrot sind die holzartigen Manna-Hülsen nicht essbar. Zum Verzehr werden die Stangen daher aufgebrochen und das Fruchtmark ausgelutscht.

1. Manna ähnelt in seiner dunkelbraunen bis schwarzen Form Holzstäbchen.

2. Manna gibt es beim Exotenhändler zu kaufen. Die Kerne sind nicht essbar.

3. Mit einem Messer an der gut sichtbaren Naht die Frucht öffnen und die Fruchtblättchen auslutschen.

Melone

Citrullus lanatus/
Cucumis melo

Herkunft

Bei den Obstmelonen unterscheidet man zwischen der Wassermelone und der Zuckermelone. Die Wassermelone stammt aus dem tropischen Afrika, die Herkunft der Zuckermelone wird im Sudan vermutet. Mittlerweile werden beide Melonen in allen tropischen und subtropischen Ländern, aber auch im gesamten Mittelmeerraum angebaut.

Form, Farbe und Geschmack

Wassermelonen können bis zu 15 kg schwer werden. Zwischen gelb, hell- und dunkelgrün vari-

iert die Farbe der glatten Schale, das Fruchtfleisch ist meist rosa bis rot, sehr saftig und kann von vielen Kernen durchsetzt sein, die meist nicht mitgegessen werden. Zuckermelonen sind kleiner, haben je nach Sorte eine glatte, rissige oder netzartige Schale mit weißlicher, gelber, grüner oder brauner Farbe. Ihr Fruchtfleisch ist süßer als das der Wassermelonen.

Wirkung

Wassermelonen bestehen zu fast 95 % aus Wasser und sind daher sehr durstlöschend. Dank des geringen Zuckergehalts eignen sie sich auch für die Ernäh-

rung bei Diabetes. Zuckermelonen haben einen etwas geringeren Wasseranteil und besitzen mehr Vitamine und Mineralstoffe, vor allem Phosphor, Kalzium, Magnesium, Provitamin A und C.

Was Sie beim Kauf und der Verwendung beachten sollten

Wassermelonen sind reif, wenn die Schale auf Druck leicht nachgibt und beim Beklopfen „singt", d. h. hohl klingt. Bei kühler Lagerung halten sie sich bis zu drei Wochen. Zuckermelonen sind reif, sobald der Stiel schrumpft oder aufreißt. Dann verbreiten sie einen intensiven Duft. Sie halten sich bei 7 bis 10° C ca. 14 Tage lang.

1. Wassermelonen sind größer als ihre Verwandten, die Zuckermelonen. Beide gehören zu den Kürbisgewächsen.

2. Die hell-dunkelgrün marmorierten Wassermelonen haben in der Regel keine Kerne.

3. Zum Verzehr die Hälften in mundgerechte Spalten schneiden.

4. Die kernlosen Melonen eignen sich zum Dekorieren. Mit einem Kugelausstecher einzelne Kugeln herausdrehen.

5. Die gelbe Honigmelone besitzt eine glatte Schale.

6. Die Melone der Länge nach halbieren und die Kerne mit einem kleinen Löffel ausschaben.

7. Die Hälften in Spalten und dann in Stücke schneiden.

Tomaten-Wassermelonen-Gazpacho

Zutaten:

Für 4 Personen

300 g Tomaten
1 Salatgurke
1 grüne Paprikaschote
2 Zwiebeln
1 Knoblauchzehe
200 g Wassermelonen-Fruchtfleisch
Saft von ½ Zitrone
2 EL Olivenöl
¼ l Tomatensaft
½ TL Ostmann Tomaten-Würzer
½ TL Ostmann Paprika, edelsüß
½ Bund Schnittlauch
Ostmann Pfeffer, weiß, gemahlen

Zubereitung:

1. Die Tomaten am Blütenansatz über Kreuz einschneiden, mit kochendem Wasser überbrühen, häuten, halbieren und Stielansätze sowie Kerne entfernen.

2. Die Gurke schälen, die Paprikaschote halbieren, entkernen, waschen und beides fein würfeln. Die Hälfte der Gurken- und einen Esslöffel der Paprikawürfel beiseitestellen. Die Zwiebeln und den Knoblauch schälen, die Zwiebeln würfeln und den Knoblauch zerdrücken.

3. Zwiebeln, Knoblauch Tomaten, Wassermelone, Gurke, Paprika und Zitronensaft pürieren. Das Püree mit dem Olivenöl und dem Tomatensaft verrühren und mit Tomaten-Würzer, Pfeffer sowie Paprikapulver abschmecken.

4. Die beiseitegestellten Gemüsewürfel untermischen und die Gazpacho abgedeckt ca. zwei Stunden kalt stellen. Den Schnittlauch waschen, trocken schütteln und in Röllchen schneiden. Die Gazpacho auf vier Tellern anrichten und mit den Schnittlauchröllchen garniert servieren.

Nashi

Pyrus pyrifolia

Herkunft

Die Nashi oder auch „Apfelbir-ne" hat ihre Heimat in Korea, Nordchina und vor allem in Japan. Heute findet man sie außerdem in Australien, Neu-seeland, Chile, USA, Spanien, Italien und Frankreich.

Form, Farbe und Geschmack

Die birnen- oder apfelförmige, etwa 200 g schwere Frucht besitzt eine glatte, gelbgrüne bis -rötliche Schale. Das helle, saftig-feste Fruchtinnere mit dem Kerngehäuse entspricht

dem des Apfels, kann aber auch weicher und körniger sein, weshalb die Nashi auch „Sandbirne" genannt wird. Ihr süßer Geschmack erinnert an eine Mischung aus Apfel und Birne.

Wirkung

Neben dem Provitamin A, Vita-min C und Vitaminen der B-Gruppe enthält die Nashi die Mineralstoffe Kalium, Eisen und Magnesium sowie verschiedene Fruchtsäuren und Pektine.

Was Sie beim Kauf und der Verwendung beachten sollten

Nashis sind sehr empfindlich. Sie werden im reifen Zustand einzeln in Schaumstoffkörb-chen verpackt, um die Frucht vor Beschädigungen und Schädlingen zu schützen. Nashis halten sich bei Zimmer-temperatur sechs bis sieben Tage frisch und können genau-so wie Äpfel mit oder ohne Schale gegessen werden.

Rucola-Chicorée-Salat mit Nashibirnen

1. Nashibirnen können wie Äpfel gegessen werden.

2. Die Birnen mit einem Sparschäler schälen.

3. Die Schale kann als Dekoration verwendet werden.

4. Die geschälte Birne halbieren und in Viertel schneiden.

5. Mit einem scharfen Messer das Gehäuse mit den Kernen entfernen.

6. Aus den Vierteln Spalten schneiden oder die Stücke für Fruchtsalat würfeln.

Zutaten:

Für 2 Personen

1 größerer Chicorée
1 Packung Rucola-Salat
1 Nashi
Salatdressing Ihrer Wahl

Zubereitung:

1. Von dem Chicorée den Strunk abschneiden, pro Person ca. fünf bis sechs Blätter ablösen, kurz in heißem Wasser abspülen (das schwächt den etwas bitteren Geschmack ab) und gut abtropfen lassen.

2. Den Rucola gründlich waschen und welke bzw. braun gewordene Blätter aussortieren.

3. Die Nashibirne wie beschrieben vom Kerngehäuse befreien, in kleine Würfel schneiden und mit dem Rucola vermengen.

4. Nun die Chicorée-Blätter sternförmig auf Tellern anrichten, die Tellermitte und die Blätter mit der Rucola-Nashi-Mischung füllen und das Dressing darüberträufeln.

Tipp: Den Rucolasalat können Sie noch nach Belieben mit Schinken, Krabben, Lachs oder Sprossen, Keimen und Nusskernen variieren.

Okra

Abelmoschus esculentus

Herkunft

Die zur Gattung der Malvengewächse gehörende und im tropischen Afrika beheimatete Okra ist die Schote des essbaren Gemüse-Eibischs und wurde bereits im 2. Jahrtausend v. Chr. verwendet. Die Anbaugebiete sind Brasilien, Kenia, Mittelamerika und die Balkanländer. Okras werden unreif geerntet und verarbeitet. Bei uns erhält man sie häufig in türkischen Geschäften.

Form, Farbe und Geschmack

Okras gibt es frisch, getrocknet oder in Dosen. Frisch sind es dunkelgrüne, ca. 3 bis 5 cm lange, fünfeckige Schoten mit einem Stielansatz. Die Schoten sind von einem feinen Flaum überzogen. Im Inneren liegen kleine essbare Samen. Sie schmecken mild und bohnenähnlich.

Wirkung

Okras enthalten 2 g Eiweiß, 6 g Kohlenhydrate, Vitamin A, B und C sowie Kalzium. Sie sind sehr kalorienarm und daher gut für eine Diät geeignet.

Was Sie beim Kauf und der Verwendung beachten sollten

Okras werden nicht roh gegessen. Ihre schleimige Konsistenz muss man mögen. Kaufen Sie möglichst kleine, frische Exemplare, die keine oder nur wenige braune Stellen haben. Größere Schoten können faserig sein. Die Kombination von Okras mit Sahne sollte man vermeiden. Okras halten sich nur ca. drei Tage im Kühlschrank.

1. Die Schoten sollten fest, grün und frisch sein. Vor der Verwendung die Okras gut in kaltem Wasser waschen und den Flaum abreiben.

2. Sollen die Okras im Ganzen verwendet werden, den harten Stielansatz mit einem scharfen Messer stutzen und bleistiftartig zuspitzen.

3. Die zweite Möglichkeit ist, einfach den Stielansatz mit einem scharfen Messer gerade abzuschneiden. Bei dieser Variante wird die in den Schoten enthaltene Flüssigkeit beim Kochen entzogen.

4. Geputzt und in Stücke geschnitten, eignen sich Okras besser für Suppen und Eintöpfe. Beim Kochen sondern sie einen milchigen Schleim ab, der die Suppen und Eintöpfe bindet.

5. Wurde der Stielansatz komplett entfernt, werden die ganzen Schoten in Essigwasser blanchiert. Sind die Schoten noch geschlossen, gibt man dem Kochwasser etwas Zitronensaft zu. Damit wird verhindert, dass die Schoten platzen.

6. Nach dem Kochen die Okras mit kaltem Wasser abschrecken. Gut salzen und würzen und z. B. in Verbindung mit Tomaten als Beilage zu Fisch und Fleisch servieren.

Gemüse-Erdnuss-Pfanne mit Okra-Reis

Zutaten:
Für 4 Personen

250 g USA-Langkornreis Parboiled
2–3 EL Erdnusscreme
750 ml Gemüsebrühe
2 Zwiebeln
6 EL Pflanzenöl
4 Tomaten
2 Zweige Thymian
1 gehäufter EL Tomatenmark, 2 Knoblauchzehen
2 Karotten
je ½ rote und grüne Paprikaschote

175 g grüne Bohnen
1 große Zucchini
8 Okraschoten
Tabasco nach Geschmack
Salz

Zubereitung:

1. Den Reis in 500 ml kochendes Salzwasser geben und zugedeckt bei schwacher Hitze 15 bis 20 Minuten garen, bis der Reis die Flüssigkeit aufgenommen hat.

2. Die Erdnusscreme und die Brühe verrühren und 20 Minuten unter gelegentlichem Rühren köcheln lassen.

3. Die Zwiebeln schälen, eine davon würfeln und in drei Esslöffeln heißem Öl glasig dünsten. Die Tomaten waschen, putzen, würfeln und den Thymian waschen und trocken schütteln.

4. Dann die Tomatenwürfel und die Thymianzweige mit dem Tomatenmark zu der Zwiebel geben. Den Knoblauch schälen und ebenfalls dazupressen, alles fünf Minuten anbraten

und die Erdnuss-Brühe-Mischung hinzufügen.

5. Die Karotten schälen und die Paprikaschoten halbieren, entkernen, waschen und klein schneiden. Die Bohnen und die Zucchini waschen und putzen, die Zucchini in Scheiben schneiden. Das Gemüse der Brühe-Mischung hinzufügen, bei schwacher Hitze garen und mit Tabasco und Salz abschmecken.

6. Die Okraschoten wie beschrieben putzen und in Scheiben schneiden. Die Okrascheiben im restlichen heißen Öl knusprig

braten, herausnehmen und warm stellen. Die zweite Zwiebel würfeln, in dem Öl glasig dünsten, den Reis hinzufügen und alles erhitzen. Zum Schluss den Reis mit den Okrascheiben garniert zur Gemüsepfanne servieren.

Orange

Citrus sinensis

Herkunft

Orangen stammen vermutlich aus Südchina und Indochina. Von dort aus trat die Frucht zu Beginn des christlichen Zeitalters ihren Zug rund um die Welt an. Während arabische Kaufleute die süße Frucht in den Vorderen Orient mitnahmen, kam sie mit den portugiesischen Seefahrern nach Südeuropa. Heute wird die Orange in allen tropischen und subtropischen Ländern kultiviert und in unzähligen Sorten auf dem Weltmarkt angeliefert.

Form, Farbe und Geschmack

Blondorangen besitzen eine helle bis kräftig orangefarbene Schale und haben ein saftiges, süßliches Fruchtfleisch mit wenigen oder gar keinen Kernen. Blutorangen hingegen kennzeichnet eine kräftig orange- bis himbeerrote Schale und ein herb-säuerlich schmeckendes Fruchtfleisch mit wenigen Kernen.

Wirkung

Neben viel Vitamin C enthält die Orange sehr viel Vitamin A – der Anteil dieses Schönheitsvitamins liegt bei Blutorangen um ein Vielfaches höher als bei Blondorangen – sowie 12 weitere Vitamine. Neben Fruchtzucker enthält sie ferner organische Säuren, Aminosäuren, Mineralsalze und Pektinstoffe. Das alkalisierende, gut gekaute Fruchtfleisch der Orange ist auch für Magenleidende gut verträglich. Allergiker müssen sich jedoch vor den Säuren hüten.

Was Sie beim Kauf und der Verwendung beachten sollten

Blutorangen lassen sich wegen ihres Saftreichtums schwerer schälen als Blondorangen. Da die Orangenschale gegen Schimmelbefall mit Wachs oder Chemikalien behandelt wird, darf sie nicht gegessen werden. Orangen mit unbehandelter Schale trocknen schneller aus als ihre konservierten Geschwister und haben deshalb eine runzligere Form.

Waffeltürmchen mit Nutella-Orangencreme

Zutaten:

Für 4 Personen

1 unbehandelte Orange
250 g Magerquark
½ TL gemahlener Ingwer
100 g Nutella
24 Knusperwaffeln
(ca. 6 cm Durchmesser,
gibt es fertig zu kaufen)
1 EL Puderzucker
Melisse oder Minze
zum Garnieren

Zubereitung:

1. Die Orange heiß waschen, trocken reiben und von einer Hälfte die Schale mit einer Reibe abraspeln. Die Orange halbieren, von der nicht abgeriebenen Hälfte eine Scheibe abschneiden und die Scheibe in acht Segmente teilen. Dann beide Orangenhälften auspressen.

2. Den Quark mit der abgeriebenen Orangenschale, dem Orangensaft, Ingwer und Nutella glatt rühren.

3. Für die Waffeltürmchen jeweils einen Teelöffel der angerührten Creme auf eine Waffel geben, mit einer zweiten abdecken, nochmals einen Teelöffel Creme darauf verteilen und eine dritte Waffel als Deckel obenauf setzen.

4. Die Waffeltürmchen mit dem Puderzucker bestäuben und mit jeweils einem der acht Orangensegmente und etwas Melisse oder Minze garniert servieren.

1. Blondorangen sind äußerlich oft schwer von Blutorangen zu unterscheiden.

2. Zum Entsaften die Früchte mit einem scharfen Messer quer durchschneiden.

3. Zum Schälen an der Stielseite bis zum Fruchtfleisch eine Kappe abschneiden.

4. Mit einem scharfen Messer die Schale gleichmäßig rundum einschneiden.

5. Die eingeschnittene Schale Stück für Stück nach unten ziehen.

6. Die Orangenspalten kann man pur essen oder für den Fruchtsalat klein schneiden.

7. Zum Dekorieren die Spalten halbieren.

 **Pak-Choi** *Brassica chinensis*

Herkunft

Der Pak-Choi, auch Chinesischer Senfkohl genannt, gehört zur Familie der Kreuzblütler und ist in China heimisch. Er ist eine der feinsten asiatischen Kohlsorten und ähnelt dem Mangold. Heute wird er überwiegend im gesamten ostasiatischen Raum, aber auch in Europa kultiviert. Wem der ausgeprägte Geschmack unserer Kohlsorten zu intensiv ist, der wird die zarten Sorten aus Asien bevorzugen.

Form, Farbe und Geschmack

Ein mangoldähnliches, etwa 30 cm langes Gemüse mit breiten weißen, fleischigen Stielen. An ihren Enden sind dunkelgrüne gerippte Blätter. Die Stängel schmecken saftig und würzig, etwas nach Senf. Es gibt den grünen Pak-Choi, bei dem die Blätter glatter sind als bei dem weißen, der stärker gerippte und krause Blätter hat. In ihrer Verwendung sind sie gleich zu behandeln.

Wirkung

Pak-Choi enthält viel Vitamin A, B und C sowie verschiedene Mineralstoffe. Der Nährwert von Pak-Choi ist doppelt so hoch wie der von Weißkohl, die dicken Blattrippen sind am wertvollsten.

1. Junger Pak-Choi, der sowohl als Salat als auch als Gemüse zubereitet werden kann.

2. Die Blätter von dem Wurzelstock lösen und in kaltem Wasser waschen. Da der Pak-Choi schnell welk wird, sollte er rasch zubereitet werden.

3. Soll der Pak-Choi gedünstet werden, erst die grünen Blätter von den Stielen abschneiden und in etwa 2 cm breite Streifen schneiden. Dann die Stängel in etwa 1 cm breite Stücke schneiden. Die geschnittenen Stängel zuerst dünsten und die Blattstreifen kurz vor Ende der Garzeit zugeben, sie brauchen nur wenige Minuten.

Was Sie beim Kauf und der Verwendung beachten sollten

Ist der Pak-Choi jung und zart, kann man die Blätter und die Stängel für Salat verwenden. Gedünstet eignet er sich sehr gut als Beilage zu Fisch- und Fleischgerichten. Im Gemüsefach des Kühlschranks ist er nur wenige Tage haltbar. Die Blätter können auch kurz frittiert und die Stiele wie Spargel zubereitet werden. Da Pak-Choi eine sehr kurze Garzeit hat, eignet er sich auch hervorragend für den Wok.

Hühnerfleisch mit Pak-Choi

Zutaten:
Für 4 Personen

300 g Hähnchenbrustfleisch
1 TL Speisestärke
1 EL Eiweiß
1 EL dunkle Sojasoße
1 EL Sesamöl
4 getrocknete chinesische Pilze
5 Frühlingszwiebeln
1 Bund Schnittlauch
2 Knoblauchzehen
2 EL frischer, gehackter Ingwer
500 g Pak-Choi
2 EL Olivenöl
1 EL Worcestersoße
3 EL Sherry
100 ml Hühnerbrühe
Salz
Pfeffer
brauner Zucker

Zubereitung:

1. Das Hühnerfleisch unter kaltem, fließendem Wasser abwaschen, trocken tupfen und in ca. 1 cm dicke Streifen schneiden. Die Fleischstreifen in einer Schüssel mit der Speisestärke, dem Eiweiß, der Sojasoße und dem Sesamöl vermischen und zugedeckt eine Stunde im Kühlschrank marinieren lassen.

2. Die Pilze mit kochendem Wasser übergießen und 30 Minuten einweichen. Anschließend die Pilze von den harten Teilen befreien und in kleine Streifen schneiden.

3. Die Frühlingszwiebeln waschen, putzen und in 1 cm dicke Ringe schneiden. Den Schnittlauch waschen, trocken schütteln und klein schneiden. Den Knoblauch und den Ingwer schälen und klein hacken.

4. Das Pak-Choi-Gemüse waschen, die Enden abtrennen und bis zum grünen Blattansatz in 1 cm dicke Stücke schneiden. Die grünen Blätter in 2 cm breite Streifen schneiden.

5. Den Wok erhitzen und das Öl darin heiß werden lassen. Das Fleisch und etwas braunen Zucker hineingeben, ca. eine Minute pfannenrühren und mit Salz, Pfeffer und Zucker würzen. Den Knoblauch und den Ingwer ebenfalls zugeben und mitandünsten.

6. Die Pilze und das Pak-Choi-Gemüse unterheben und ca. zwei Minuten pfannenrühren. Dann alles mit Sojasoße, Worcestersoße, Sherry und Brühe angießen, aufkochen lassen und die Frühlingszwiebeln und den Großteil des Schnittlauchs einrühren.

7. Das Ganze auf Tellern anrichten, mit dem restlichen Schnittlauch garnieren und nach Wunsch mit Reis servieren.

Papaya

Carica papaya

Herkunft

Die Heimat der Papaya oder „Baummelone" wird im tropischen Mittelamerika und Südmexiko vermutet. Kultiviert wird sie heute in den feuchten Tropen und den frostfreien Subtropen wie Mittel- und Südamerika, Florida, Westindien, Ozeanien und Afrika.

Form, Farbe und Geschmack

Die Papaya kann bis zu 80 cm lang und 9 kg schwer werden.

Zu uns kommen aber nur die kleineren, 300 bis 500 g schweren Exemplare. Papayas sind je nach Sorte rund bis zylindrisch mit fünf Längsrippen. Unreif haben sie eine grüne, später eine gelbgrüne bis gelbe, lederartige Haut. Ihr butterweiches, blassgelbes bis lachsrotes Fruchtfleisch schmeckt reif sehr süß. In einem Hohlraum befinden sich die Kerne, die beißend scharf schmecken und für Europäer ungenießbar sind.

Wirkung

Die Papaya ist sehr reich an Provitamin A, Vitaminen der B-Gruppe, C und E, aber auch an den Mineralstoffen Kalium, Kalzium, Eisen und Magnesium. Die unreife Frucht enthält einen milchartigen Saft mit dem

Namen Papain, der ein Eiweiß spaltendes Enzym beinhaltet, das den Stoffwechsel anregt und die Verdauung fördert.

Was Sie beim Kauf und der Verwendung beachten sollten

Reife Papayas geben auf schwachen Fingerdruck leicht nach und sollten möglichst sofort verzehrt werden, sonst werden sie zu weich. Üblicherweise werden Papayas aber in halb reifem Zustand gepflückt, wenn sich ihre Schale gerade gelbgrün verfärbt hat. Diese Papayas können noch ca. vier Tage bei Zimmertemperatur nachreifen, bevor man sie isst. Grüne Papayas sollten Sie dagegen meiden. Sie wurden zu früh gepflückt und werden niemals reif!

Mango-Papaya-Torte

Zutaten:

Für 12 Stücke

Für den Teig:
4 Eier
120 g Zucker
50 g Butter
130 g GOLDPUDER
Auslesemehl Type 405
1 Msp. Backpulver
Zucker zum Bestreuen

Für die Füllung:
2 kleine, reife Mangos
1 reife Papaya
6 cl Pfirsichlikör
6 Blatt Gelatine
500 ml süße Sahne
2 Päckchen Vanillezucker
3 EL Limettengelee
30 g geröstete Mandelblättchen

1. Papayas sind bei uns fast überall erhältlich. Sie werden hauptsächlich als Dessert oder Vorspeise verwendet.

2. Die Früchte werden der Länge nach halbiert und die Samenkörner mit einem Löffel entfernt.

3. Die halbierte Frucht mit Zitrone beträufeln und auslöffeln. Die Schale wird nicht mitgegessen.

4. Die ganze Frucht mit einem Sparschäler schälen.

5. Die geschälte Frucht halbieren und in dekorative Spalten oder auch kleine Würfel schneiden.

6. Längs oder quer geschnitten entstehen unterschiedliche Spaltenformen für Dekorationen.

Zubereitung:

1. Die Eier trennen, die Eigelbe mit vier Esslöffeln Wasser und 80 g von dem Zucker dickschaumig schlagen. Die Butter schmelzen und unterrühren. Das Eiweiß mit dem restlichen Zucker steif schlagen und auf die Eigelbcreme geben. Das Mehl und das Backpulver vermischen, über den Eischnee sieben und vorsichtig unterheben.

2. Die Biskuitmasse auf ein mit Backpapier ausgelegtes Backblech streichen und ca. 15 bis 17 Minuten im vorgeheizten Backofen bei 180° C, Gas Stufe 2–3, Umluft 160° C backen. Den Biskuitteig auf ein mit Zucker bestreutes Geschirrtuch stürzen und das Backpapier vorsichtig abziehen.

3. Die Mangos und die Papaya schälen, die Papaya halbieren, entkernen und fein würfeln. Das Mangofruchtfleisch in Spalten vom Stein lösen, einige Spalten für die Garnierung beiseitestellen und die restlichen Spalten fein würfeln. Die Hälfte der Fruchtwürfel mit 4 cl von dem Pfirsichlikör pürieren.

4. Die Gelatine einweichen, die Sahne mit dem Vanillezucker steif schlagen und das Fruchtmus unterrühren. Die Gelatine nach Packungsanweisung auflösen und unter die Mango-Papaya-Sahne rühren.

5. Ein Drittel der Creme zur Garnierung übrig lassen und bei Zimmertemperatur stehen lassen. Die restliche Creme mit den restlichen Fruchtwürfeln vermischen, kühl stellen und angelieren lassen. Die Biskuitplatte mit dem restlichen Likör beträufeln und mit dem erwärmten Limettengelee bestreichen.

6. Die Mango-Papaya-Creme mit Fruchtstücken auf die Biskuitplatte streichen und diese in sechs Zentimeter breite Streifen schneiden. Den ersten Streifen zu einer Schnecke aufwickeln und senkrecht auf eine Tortenplatte setzen, den nächsten Streifen an das Ende des ersten setzen und als Schnecke herumwickeln. Mit den restlichen Biskuitteigstreifen ebenso verfahren.

7. Einen Tortenring um die Torte legen und diese ca. zwei Stunden kalt stellen. Anschließend die Torte mit der restlichen Creme bestreichen, den Rand mit den Mandelblättchen bestreuen und mit den restlichen Mangospalten garniert servieren.

Passionsfrucht

Passifloraceae

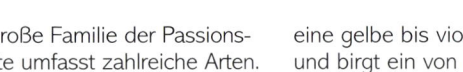

Herkunft

Die große Familie der Passionsfrüchte umfasst zahlreiche Arten. Zu den bekanntesten zählen die Granadillas und Maracujas. Passionsfrüchte kommen ursprünglich aus Südamerika und werden heute sortenreich in Südafrika, auf Hawaii, Sri Lanka und im Mittelmeerraum kultiviert.

eine gelbe bis violette Färbung und birgt ein von vielen Samenkörnern durchsetztes Fruchtfleisch, welches sehr saftig ist und aromatisch nach Pfirsich, Himbeeren und Erdbeeren schmeckt. Die Samenkerne der Passionsfrüchte sind essbar.

Form, Farbe und Geschmack

Die von einer lederartigen, dünnen Haut umgebene Passionsfrucht kann bis zu 12 cm Durchmesser erreichen, hat

Wirkung

Alle Passionsfrüchte enthalten einen beachtlichen Anteil an Vitamin A, B und C. Bemerkenswert ist auch der hohe Anteil an Niacin, Riboflavin, Kalzium und

Eisen. Der unter der Bezeichnung „Maracuja" bekannte Saft der Passionsfrucht wird vor allem von Diabetikern sehr geschätzt. Er hilft bei Schlaf- und nervösen Störungen.

Was Sie beim Kauf und der Verwendung beachten sollten

Etwa eine Woche nach der Ernte beginnt die Haut der Passionsfrüchte bis zur Vollreife zu schrumpeln. Die Granadilla hingegen behält ihre glatte Schale auch während der Reife. Keine Früchte mit Druckstellen kaufen, da diese schnell faulen!

1. Die dünne, harte Schale der Granadillas splittert beim Schneiden.

2. Zum Verzehr die Früchte quer auseinanderschneiden und das geleeartige Fruchtfleisch auslöffeln.

3. Für Fruchtsalate oder Süßspeisen das Fruchtfleisch mit den Kernen herausnehmen und beimischen.

4. Reife Maracujas sind an der gelben, verschrumpelten Schale zu erkennen.

5. Das Fruchtfleisch der Maracuja – wie bei allen Passionsfrüchten – einfach auslöffeln.

6. Reife Passionsfrüchte haben eine schrumpelige Schale.

7. Die Früchte quer aufschneiden und auslöffeln.

Tropischer Eisbecher mit Passionsfrucht-Sahne

Zutaten:
Für 4 Personen

0,5 l Erdbeereis
2 Scheiben Ananas
1 Mango
1 kleine Karambole
1 kleine Orange
1 rote Eierpflaume
200 ml süße Sahne
4 cl Passionsfruchtsirup
Zucker nach Geschmack

Zubereitung:

1. Aus dem Erdbeereis vier große Kugeln bereiten und ins Eisfach stellen.

2. Alle Fruchtzutaten bis auf die Ananasscheiben waschen oder schälen, in Würfel bzw. in Spalten schneiden und mit etwas Zucker abschmecken. Die Obststücke in Pokalen dekorativ anrichten und das Eis daraufsetzen.

3. Die Sahne in ein Sahnegerät (z. B. Dessert Whip von iSi) zusammen mit dem Passionsfruchtsirup einfüllen. Eine iSi-Sahnekapsel aufschrauben, schütteln und vor dem Servieren die Eisbecher mit einer Sahnehaube dekorieren.

Pepino

Solanum muricatum

Herkunft

Der Pepino-Strauch ist in den Hochtälern Kolumbiens und Perus heimisch und ist eine sehr alte Kulturpflanze. Sie war schon in vorkolonialer Zeit dort weit verbreitet. Heutige Anbaugebiete der zahlreichen Pepino-Sorten sind fast alle wärmeren Regionen der Welt, unter anderem auch die Kanarischen Inseln und das gesamte Mittelmeergebiet.

Form, Farbe und Geschmack

Die je nach Sorte ei-, kugel- oder spindelförmige Frucht hat eine Länge von 8 bis 20 cm. Die glatte, sehr dünne helle Schale ist mehr oder weniger mit violetten Streifen versetzt. Das Fruchtfleisch der Pepino ist gelb, weich, saftig und süß. Es umschließt zwei Hohl- räume mit zum Teil essba- ren Kernen. Pepinos schme- cken sehr angenehm nach einer Mischung aus Birne und Melone und heißen deshalb auch „Birnenmelo- ne" oder „Melonenbirne".

Wirkung

Die Pepino ist sehr reich an Vitamin A und C. Außerdem enthält sie Kalzium und Phosphor.

Was Sie beim Kauf und der Verwendung beachten sollten

Reife Früchte haben eine schöne gelbe Farbe mit unregelmäßigen, violetten Streifen und sollten auf Druck leicht nachgeben. Im unreifen Zustand sind die Früchte noch grünlich. Nach dem Schälen muss die Frucht rasch gegessen wer- den, da sich das Frucht- fleisch sehr schnell braun verfärbt. Pepinos sind bei Zimmertemperatur ungefähr drei bis sieben Tage haltbar. Ausgehöhlte Pepinohälften lassen sich dekorativ und ideenreich füllen.

1. Die optisch sehr dekora- tiven, grünlich gelben Früchte tragen lilafarbene Zeichnungen.

2. Die Kerne im saftigen Fruchtfleisch sind essbar.

3. Die dünne Schale mit einem Sparschäler ent- fernen.

4. Zur Dekoration oder für einen Fruchtsalat die Frucht in dünne Scheiben schneiden.

5. Zum Essen die Frucht halbieren oder vierteln.

6. Für Salate und Füllungen die Frucht in Spalten schneiden und würfeln.

Ausgehöhlte Pepino-Hälften ergeben mit Krabben, kleinen Fruchtstücken und einer leichten Mayonnaise gefüllt einen leckeren „Pepino-Krabben-Cocktail".

Eine raffinierte Vorspeise: eine geschälte und in Spalten geschnittene Pepino, Scheiben von Nuss- oder Lachsschinken und frisch gemahlener Pfeffer.

Physalis

Physalis peruviana

Herkunft

Die ursprüngliche Heimat dieser Frucht sind die peruanischen Anden. Portugiesischen Entdeckern ist ihre Verbreitung in tropische und subtropische Regionen Asiens, Afrikas, ja sogar Europas und nicht zuletzt ans Kap der Guten Hoffnung zu verdanken, wo sie besonders prächtig und wild gedeiht und ihren heute gebräuchlichen Namen „Kapstachelbeere" bekam.

Form, Farbe und Geschmack

Die glattschaligen, roten und gelben Früchte ähneln Kirschen. Sie werden von einem hellbraunen, papierartigen Kelch umschlossen. Sie haben einen appetitlich tropisch süßsäuerlichen Geschmack, der an eine Mischung aus Stachelbeeren, Passionsfrucht und Ananas erinnert.

Wirkung

Die Frucht ist relativ vitaminreich, sie enthält die Vitamine A, B und C sowie Eisen.

Was Sie beim Kauf und der Verwendung beachten sollten

Physalis schimmeln bei feuchter Lagerung sehr schnell, deshalb sollte man beim Kauf darauf achten, dass sie trocken sind. Sind sie beim Kauf noch nicht ganz reif, können sie bei Zimmertemperatur einige Tage nachreifen. Physalis sollten trocken, aber nicht kühl gelagert werden. So halten sie sich ca. eine Woche. Die papierartigen Kelchblätter entfernt man erst vor der Verwendung, besonders wenn sie noch nachreifen sollen. Physalis werden meist als Frischfrucht gegessen.

1. Die Blätter der Physalis entfernen, die Früchte waschen und essen.

2. Zum Dekorieren werden die Physalis am besten mit den Blättern angerichtet.

Bratäpfel mit Vanille-Physalis-Marzipan

Zutaten:

Für 4 Personen

100 g Physalis
80 g Zartbitterschokolade
4 EL Ostmann Vanillezucker mit echter
Bourbon-Vanille
100 g Marzipan-Rohmasse
4 säuerliche Äpfel, z. B. Boskop
Butter für die Form
⅛ l süße Sahne mit Zimmertemperatur

Zubereitung:

1. Den Backofen auf 200° C, Gas Stufe 3–4, Umluft 180° C vorheizen. Von den Physalis wie beschrieben die Blätter und Stängel entfernen. Vier Früchte beiseitelegen, die restlichen klein würfeln.

2. 20 g von der Schokolade sehr fein hacken. Die Physalis, die Schokolade und zwei Esslöffel von dem Vanillezucker mit der Marzipan-Rohmasse verkneten und vier Rollen von ca. 1 cm Dicke und 6 cm Länge formen.

3. Die Äpfel waschen, trocken reiben und einen Deckel abschneiden. Mit einem Apfelausstecher das Kerngehäuse entfernen. Dabei den Boden der Äpfel nicht durchstechen. Je eine Marzipanrolle in die ausgestochenen Löcher geben.

4. Eine feuerfeste Form mit Butter ausstreichen, die Äpfel hineinsetzen und im Backofen ca. 30 Minuten garen. Fünf Minuten vor Ende der Garzeit die Deckel auf die Äpfel setzen.

5. Die restliche Schokolade im Wasserbad schmelzen lassen, den restlichen Vanillezucker einrieseln lassen und die geschmolzene Schokolade nach und nach mit der Sahne verrühren. Die beiseitegelegten Physalis in Scheiben schneiden.

6. Die Bratäpfel aus dem Backofen nehmen, auf Teller setzen und dekorativ mit der Schokoladensoße und den Physalisscheiben anrichten.

Pitahaya

Hylocereus undatus/
Selinicereus megalanthus

Herkunft

Die Pitahaya gehört wie die Kaktusfeige zu den Kakteenfrüchten, ist aber mit dieser nicht zu verwechseln. Ihren Ursprung haben die Früchte in den tropischen und subtropischen Regionen Mittelamerikas. Dort werden sie in Küstenniederungen und in Höhenlagen, vor allem in Kolumbien, Guatemala und Nicaragua, geerntet.

Form, Farbe und Geschmack

Pitahayas gibt es in verschiedenen Formen und Farben: Früchte mit gelber, stark warziger Schale, weißem Fruchtfleisch und schwarzen, essbaren Kernen sowie Pitahayas mit purpurfarbener Schale, die an eine Feuerflamme erinnert. Diese Früchte werden Drachenfrüchte genannt. Die länglich ovalen Früchte werden 8 bis 12 cm groß.

Das Innere der roten Pitahayas ist entweder weiß oder rot mit schwarzen, essbaren Kernen. Saftig und erfrischend süßlich schmecken alle Sorten. Ihre Konsistenz ähnelt der der Kiwi. Die rote Pitahaya sieht zwar aufregender aus, ist im Geschmack der gelben jedoch weit unterlegen.

Wirkung

Neben dem geringen Kalorienwert ist der hohe Kalzium-, Eisen- und Phosphorgehalt dieser ausgefallenen Frucht erwähnenswert. Die Pitahaya enthält außerdem Vitamin B und C und ist sehr verdauungsfördernd. In zu großen Mengen verzehrt, wirkt die Pitahaya abführend.

1. Nach der intensiven Färbung der Pitahaya wurde in ihrer Heimat Guatemala eine Farbe benannt.

2. Die Frucht der Länge nach mit einem scharfen Messer halbieren.

3. Das zarte und erfrischende Fruchtfleisch auslöffeln.

4. An der unteren Seite der Frucht ein Stück bis zum Fruchtfleisch abschneiden.

5. Die rote Blatthülle anritzen und einfach abziehen.

6. Für Fruchtsalat das Fruchtfleisch in Scheiben oder Würfel schneiden.

7. Das sehr gleichmäßige Fruchtfleisch kann auch in dekorative Spalten geschnitten werden.

Was Sie beim Kauf und der Verwendung beachten sollten

Die Frucht ist reif, wenn sie eine intensive orange oder rote Farbe hat. Überlagerte oder überreife Früchte reagieren stark auf Fingerdruck. Pitahayas sollten nicht länger als zwei Wochen bei Zimmertemperatur gelagert werden. Unreife Früchte können in einem kühlen Raum auf einer nicht zu harten Unterlage nachreifen. Pitahayas sind sehr teuer, da sie nur in geringen Mengen importiert werden. Gekühlt schmecken die Früchte am besten.

Schon eine einzelne dieser teuren Früchte – kreativ verpackt – ist ein exklusives Geschenk.

Die Frucht wird per Flugzeug importiert. Jede einzelne Pitahaya ist in ein eigenes Schaumstoffsäckchen verpackt.

 *Citrus maxima*

Herkunft

Die Pomelo ist eine relativ junge Frucht-sorte. Sie stammt aus Südostasien und ist aus einer Kreuzung zwischen Grapefruit und Pampelmuse hervorgegangen. Heute wird sie weltweit im gesamten Tropengürtel in vielen verschiedenen Sorten angebaut. Früchte, die bei uns auf den Markt kom-men, werden meist aus Thailand und Israel geliefert.

Form, Farbe und Geschmack

Die etwa kinderkopfgroße, birnenförmige oder kugelige Frucht ist etwas kleiner als die Pampelmuse, aber größer als Grape-fruits. Die Schale ist bis zu 3 cm dick, weißgelb bis grün, ziemlich glatt und groß-porig. Das hellgelbe Fleisch wird von meh-reren Kammern unterteilt und lässt sich leicht von der Schale lösen. Geschmacklich ähnelt die Pomelo der Grapefruit, sie ist aber nicht ganz so bitter. Neue Züchtungen sind rosa Pomelos ohne Kerne mit weißem oder rosafarbenem Fruchtfleisch und edle-rem Geschmack.

Wirkung

Die Inhaltsstoffe von Pomelos sind mit denen der Grapefruit fast identisch. Sie enthalten beachtliche Mengen an Vitamin C, Provitamin A sowie der Mineralstoffe Kalium und Kalzium.

Was Sie beim Kauf und der Verwendung beachten sollten

Pomelos werden wie Orangen geschält. Die säuerlich schmeckenden Früchte sind am aromatischsten, wenn die Schale bereits pappig und schrumpelig ist. Die weiße Haut auf den Stücken kann zwar mitgegessen werden, schmeckt aber etwas bitter. Es empfiehlt sich außerdem, die durchscheinende, relativ feste Haut zwischen den einzelnen Stücken zu entfernen. Die Schale der Pomelos eignet sich zum Verkochen mit anderen Marmeladen.

1. Die Pomelo hat eine sehr dicke Schale. Unbehandelt eignet sie sich zum Weiterverarbeiten.

2. Wie die Grapefruit quer durchschneiden und mit einem Grapefruitbesteck zwischen den bitteren Häuten auslöffeln.

3. Zum Auspressen muss man eine etwas größere Zitruspresse verwenden.

Rambutan

Nephelium lappaceum

Herkunft

Die Rambutan wird aufgrund ihrer roten oder gelben „Haare" auf der Schale auch „Behaarte Litschi" genannt. Sie ist mit der Litschi verwandt und hat ihre Ursprünge in Malaysia. Heute ist die Rambutan im gesamten süd- ostasiatischen Raum bis nach Mauritius, Costa Rica, Ecuador und Australien verbreitet.

Form, Farbe und Geschmack

Die etwa pflaumengroße Frucht ähnelt der Litschi im Äußeren. Die dünne, rotbraune Schale ist mit vielen gelb- bis rotorange- farbenen „Haaren" besetzt. Im Inneren des milchig weißen, geleeartigen Fruchtfleisches sitzt ein länglicher, nicht essba- rer Kern, der leicht giftig ist. Rambutane schmecken erfri- schend süßsäuerlich, ähnlich wie Weintrauben, und verströ- men einen exotischen Duft.

Wirkung

Neben vielen wichtigen Mineral- stoffen wie Kalzium und Eisen sind die Rambutane reich an Vitamin C und damit noch vita- minreicher als ihre artverwandten Litschis, die ebenso zur Gattung der Sapindaceae-Gewächse gehören. In Malaysia werden in Apotheken getrocknete Rambu- tan-Früchte als Heilmittel gegen Fieber und Durchfall verkauft.

Was Sie beim Kauf und der Verwendung beachten sollten

Da die Rambutane nur kurze Zeit haltbar sind, sollten sie schnell verwertet werden. Sie halten sich im Kühlschrank nur ein paar Tage. Am besten schmecken die teuren Früchte roh oder in den gleichen Speisen wie Litschis. Achten Sie beim Kauf auf eine rote Schale und aufrecht stehen- de, grüne Haare, die nicht welk oder schwarz verfärbt sind.

1. Die exotische Frucht wird auch „Behaarte Litschi" genannt.

2. Die Schale mit einem scharfen Küchenmesser seitlich einschneiden.

3. Die Frucht öffnen und die Schale ganz entfernen. Das weißliche Innere ohne den Kern essen.

4. Das Fruchtfleisch auf- schneiden und den Kern entfernen.

5. Die Fruchtstücke eignen sich mundgerecht als Dessert oder als Aperitif mit Sekt.

Salak

Salacca edulis

Herkunft

Die Heimat der stark bedornten Salakpalme ist umstritten, man vermutet sie in Indonesien und Thailand. Heute wird sie in Thailand, Malaysia und Indonesien angebaut. Man findet sie aber auch auf Java und Sumatra in Wildform. Auf unseren Märkten findet man sie leider selten, da sie eine schlechte Lager- und Transportfähigkeit hat.

Form, Farbe und Geschmack

Die Salak ist eine spitz-ovale Steinfrucht, die bis zu 10 cm lang und ca. 5 cm breit wird. Ihre dünne, harte Schale ist glänzend rotbraun und hat dachziegelartig angeordnete Schuppen, weshalb sie auch den Namen „Schlangenhautfrucht" trägt. Ihr festes Fruchtfleisch ist elfenbeinfarben bis gelb und schmeckt im vollreifen Zustand süßsäuerlich und etwas adstringierend, ähnlich wie ein grüner Apfel. Das Fruchtfleisch besteht aus drei Teilen, die durch dünne Häutchen voneinander getrennt sind. In jedem Teil ist ein brauner, nicht essbarer Kern.

Wirkung

Die Früchte enthalten die Vitamine B_1, B_2 und die Mineralstoffe Kalium, Kalzium, Magnesium, Phosphor und Eisen.

Was Sie beim Kauf und der Verwendung beachten sollten

Salak-Früchte werden im vollreifen Zustand als Frischobst gegessen. Bei Zimmertemperatur halten sie sich ca. vier bis fünf Tage. Ungeschält und in mit Salz und Zucker versetztes Wasser eingelegt kann man sie mehrere Wochen aufbewahren.

1. Wegen ihrer dachziegelartig angeordneten Schuppenschale wird die Salak-Frucht auch „Schlangenhautfrucht" genannt.

2. So schält man Salaks: Die Schale von der Spitze her einschneiden und vorsichtig vom Fruchtfleisch abheben. Die drei Fruchtteile voneinander trennen, die Häutchen mit den Fingern abreiben und mit einem scharfen Messer so weit einschneiden, dass man den Kern entfernen kann.

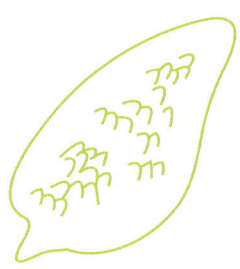

 **Sapodilla** *Manilkara zapota*

Herkunft

Die Sapodilla ist eine der vielen Arten der botanischen Sapotenfamilie. Schon vor Kolumbus kultivierten die Ureinwohner von Südmexiko bis Costa Rica die Sapodilla, auch Breiapfel oder Westindische Mispel genannt. Mittlerweile wird sie nicht nur in ihrer Heimat angebaut, sondern auch auf den Westindischen Inseln und in Südostasien. Der aus dem Stamm des Sapotill-Baums austretende Milchsaft wurde schon von den Maya und Azteken zur Herstellung von gummiartigen Kugeln für Ballspiele genutzt. Später wurde er als Grundstoff für die Herstellung von Kaugummi verwendet, ist heute aber von geringerer Bedeutung, weil die Rohmasse für Kaugummi mittlerweile zum Großteil synthetisch produziert wird.

Form, Farbe und Geschmack

Sapodillas variieren je nach Sorte so stark in Form, Größe und Geschmack, dass man kaum glauben kann, dass sie zu derselben Fruchtart gehören. Es gibt runde, längliche, spitze oder eiförmige Sorten, die im Durchmesser zwischen 5 und 10 cm groß werden. In Europa sind meist die eher eiförmigen Sapodillas mit leichter Spitze erhältlich. Ihre raue, matte Schale variiert zwischen gelben und hellbraunen Farbtönen. Sie haben rötliches, sehr weiches bis breiiges Fruchtfleisch, das eine leicht körnige Konsistenz hat und an eine Mischung aus Birnen, Honig und Aprikosen erinnert. Darin befinden sich ein bis sechs braune, ovale Samenkerne, die schwach giftig und daher nicht essbar sind. Sapodillas sind sehr aromatisch, vollmundig und sehr süß, fast mispelähnlich.

1. Vollreife Sapodillas haben eine raue, zimtbraune Schale.

2. Der Länge nach aufgeschnitten, wird das schwach rötliche Fruchtfleisch sichtbar.

Wirkung

Sapodillas enthalten viel Zucker, Kalium und Nicotinamid, das zur Gruppe der B-Vitamine gehört. Vollreif haben sie einen geringen Säuregehalt.

Was Sie beim Kauf und der Verwendung beachten sollten

Sapodillas werden vorzugsweise frisch und roh gegessen. Schale und Kerne werden vorher entfernt und dann wird das Fruchtfleisch wie bei einer Kiwi ausgelöffelt. Außer für den Frischverzehr eignen sie sich geschält und entkernt auch sehr gut für Obstsalate, zusätzlich püriert für Konfitüre, Fruchtmus, Dessertsoßen oder Mixgetränke. Für den europäischen Markt werden die Früchte unreif geerntet und reifen nach kurzer Lagerung nach. Sapodillas können nur im vollreifen Zustand verzehrt werden, weil sie unreif noch einen hohen Anteil an Gerbstoffen enthalten. Vollreife Früchte sind sehr weich und sollten schnellstmöglich verzehrt werden, weil sie dann nicht mehr lange haltbar sind. Beim Kauf sollten Sie darauf achten, dass die Schale fest und unbeschädigt ist und einen feinen, süßlichen Duft verströmt.

3. Mit einem Sparschäler vorsichtig die Haut abschälen und die schwach giftigen Kerne entfernen.

4. Die halbierten Stücke zu Spalten oder Würfeln schneiden und einem Fruchtsalat beimischen.

Sharonfrucht

Diospyros kaki

Herkunft

Heimat dieser kernlosen Züchtung ist, wie der Name bereits ahnen lässt, Sharon, der zentrale Teil der Küstenebene Israels. Dieser erstreckt sich vom im Norden gelegenen Karmel bis hinunter zum Yarqon und wird im Osten begrenzt von den Bergen Samarias. Bei der Sharonfrucht, auch „Chinesische Quitte" genannt, wurden einige „Mängel" der Kaki weggezüchtet wie z. B. die Gerbstoffe, die zähe Schale und die Kerne. Sie wird in denselben Ländern angebaut wie die Kaki.

Form, Farbe und Geschmack

In Form und Größe ähnelt die Sharonfrucht unserer Tomate, wobei auch Stielansatz und Kelchblätter am oberen Ende nicht fehlen. Eine glatte, dünne, glänzende, orangefarbene Haut umschließt das ebenfalls leuchtend orangefarbene Fruchtfleisch, das bei festen Früchten knackig und schnittfest, bei reiferen gallertartig und sehr saftig ist. Es besitzt keinerlei Kerne, dafür aber eine attraktive, von der Fruchtmitte ausgehende, gut sichtbare „Strahlensonne".

Die angenehm erfrischend schmeckenden Früchte erinnern im Geschmack an Aprikosen, Quitten oder Birnen.

Wirkung

Wie die Kaki ist auch die Sharonfrucht reich an Glukose und daher eine schnelle Energiespenderin. Sie enthält ebenso wie ihre Verwandte reichlich Provitamin A, C und Kalium.

Was Sie beim Kauf und der Verwendung beachten sollten

Beim Einkaufen wird die Sharonfrucht oftmals mit der Kaki verwechselt. Am einfachsten sind die beiden Früchte durch die Schale zu unterscheiden: Die Schale der Sharonfrucht glänzt stark, die der Kaki hingegen wirkt eher stumpf. Die reifen Früchte sind nur etwa drei bis vier Tage gekühlt haltbar. Die dünne Schale der Sharonfrucht kann mitgegessen werden. Im Gegensatz zur Kaki sind Sharonfrüchte schon in festem, knackigem Zustand genießbar. Man isst sie wie Äpfel aus der Hand oder in einem Fruchtsalat.

1. Die Sharonfrucht sieht der Kaki zum Verwechseln ähnlich, ...

2. ... schmeckt aber bedeutend besser.

3. Den Blütenansatz mit einem scharfen Messer herausschneiden.

4. Zum Verzehr in Viertel schneiden. Die Schale kann mitgegessen werden.

5. Das kernlose Fruchtfleisch ist süß und knackig.

 **Süßholz** *Glycyrrhiza glabra*

Herkunft

Die Süßholzstaude zählt zur Familie der Schmetterlingsblütler. Sie ist in den Ländern des östlichen Mittelmeergebietes heimisch, wird heute aber auch in vielen subtropischen Regionen Vorderasiens angebaut. Sie war schon in der Antike bekannt, wurde bei uns aber erst durch Hildegard von Bingen als Heilpflanze bekannt.

Form, Farbe und Geschmack

Die gelb gefärbten, leicht verholzten und getrockneten Wurzeln liefern das essbare, süßlich nach Lakritz schmeckende Süßholz, daher auch der Name „Lakritzenwurzel". Die Wurzeln werden – wie der Name schon sagt – für die Herstellung von Lakritze und zur geschmacklichen Verbesserung von Arzneimitteln und Bonbons verwendet.

Im Handel findet man Süßholz in Form von getrockneten Stangen zum direkten Kauen, zerkleinert zum Süßen von Tee, als Shisha-Tabak oder als Bestandteil von Met, Korn, Wodka, Heiltees oder Arzneimitteln.

1. Süßholzwurzeln sind leicht verholzt und schmecken süß-lakritzartig.

2. Die getrockneten Süßholzstangen lassen sich direkt kauen.

Wirkung

Die Wurzeln sind reich an Trauben- und Rohrzucker. Außerdem enthalten sie Glycyrrhizinsäure, die für den besonderen Geschmack des Süßholzes verantwortlich ist. Süßholz hat die 50-fache Süßkraft von Haushaltszucker, greift dabei aber weder Zähne noch Zahnfleisch an.

Zubereitungen aus Süßholzwurzeln werden in der Medizin als krampflösendes, entzündungshemmendes Hustenmittel, bei Bronchitis, Asthma und bei Entzündungen im Mund- und Rachenraum verwendet. Die Süßwurzel wird auch als Arzneitee bei Luftwegserkrankungen eingesetzt.

Was Sie beim Kauf und der Verwendung beachten sollten

Süßholzzubereitungen und -extrakte sollten ohne ärztlichen Rat auf keinen Fall länger als vier bis sechs Wochen am Stück oder in hoher Dosis konsumiert werden, weil sie zu Bluthochdruck, Störungen des Mineralstoffhaushaltes und sogar zu Herzrhythmusstörungen führen können. Außerdem kann es bei gleichzeitiger Anwendung mit anderen Arzneimitteln zu Wechselwirkungen kommen. Dies gilt übrigens auch für übermäßigen Konsum von lakritzehaltigen Süßwaren! Im Allgemeinen gilt: Ein Konsum von weniger als 2 mg pro Kilogramm Körpergewicht und pro Tag ist unbedenklich.

Süßkartoffel

Ipomoea batatas

Herkunft

Süßkartoffeln werden auch „Bataten" genannt und sind die Knollen eines in vielen tropischen und subtropischen Ländern angebauten Windenge-wächses. Sie stammen zwar wie unsere Kartoffel aus Südamerika, sind aber nicht mit ihr verwandt. Die Knollen können ein Gewicht von bis zu 3 Kilogramm erreichen. Inzwischen werden Süßkartoffeln auch in Europa angebaut.

Form, Farbe und Geschmack

Süßkartoffeln sind knollige Wurzeln mit spitz zulaufenden Enden. Es gibt weißfleischige Sorten mit einer hellbraunen Schale oder rote Süßkartoffeln, die ein lachsfarbenes Fleisch mit einer rötlichen Schale haben. Die Knollen kochen sich mehlig weich und haben einen leicht süßlichen Geschmack.

Wirkung

Süßkartoffeln enthalten viel Vitamin A und Vitamin C, außerdem Phosphor, Eisen, Kalium und Magnesium. Die lachsfleischigen Sorten enthalten mehr Carotin als die weißfleischigen Sorten. Sie sind eine wichtige Carotinquelle.

1. Süßkartoffeln oder Bataten sind Wurzelknollen, aber nicht mit unserer Kartoffel verwandt.

2. Die weißfleischigen Sorten gibt es mit bräunlicher und rötlicher Schale. Die rote Süßkartoffel ist in der Regel innen lachsfarben.

3. Ob sie mit oder ohne Schale gekocht werden, vor der Verarbeitung müssen sie gründlich gewaschen werden.

4. **Tipp:** Süßkartoffeln mit Öl beträufeln und in Folie gepackt ca. 30 Minuten im Backofen backen.

Was Sie beim Kauf und der Verwendung beachten sollten

Die beste Lagertemperatur für Süßkartoffeln liegt bei mindestens 5 °C. Die Lagerung sollte trocken, luftig und dunkel sein. Da sie einen sehr hohen Wassergehalt haben, sind sie weniger haltbar als unsere Kartoffeln. Die Knollen kochen sich leicht süßlich. Sie sind sehr mehlig und dürfen deshalb nicht zu lange gekocht werden, da sie sonst zerfallen. Süßkartoffeln sind geschmacklich besser, wenn sie erst nach dem Kochen geschält werden. Da sie Schleimstoffe enthalten, schmecken sie gebraten besser als gekocht.

Süßkartoffeln mit nussigem Biss

Zutaten:
Für 4 Personen

2 große gelbliche Süßkartoffeln (etwa 1 kg)
50 g Butter
150 ml Gemüsebrühe
75 g Walnusskerne
schwarzer Pfeffer
etwas Kresse zum Garnieren

Zubereitung:

1. Die sauber gewaschenen, ungeschälten Kartoffeln in große Würfel schneiden.

2. Die Butter in einer Pfanne erhitzen, die Süßkartoffelwürfel hineingeben und mit Pfeffer nach Belieben würzen.

3. Die Kartoffelwürfel anbraten, mit der Gemüsebrühe ablöschen und zugedeckt ca. zehn Minuten garen.

4. Die Nüsse grob hacken, unter die Kartoffeln mischen und das Ganze mit Kresse garniert servieren.

Tamarillo

Cyphomandra betacea

Herkunft

Die Tamarillo oder Baumtomate gehört zu den Nachtschattengewächsen und stammt aus den Andenländern Ecuador, Bolivien und Peru. Heute wird sie aber auch in ganz Mittel- und Südamerika, Afrika, Indien, Neuseeland und Australien angebaut.

Form, Farbe und Geschmack

Die 8 bis 10 cm langen, etwa 75 g schweren Beerenfrüchte haben eine glatte Schale, sind gelb, orange, rot oder rotbraun. Das gelbe bis rote Fruchtfleisch erinnert an Tomaten, schmeckt süßsäuerlich und leicht bitter und enthält zahlreiche Kerne, die mitgegessen werden. Die herbe Schale ist nicht zum Verzehr geeignet. Tamarillos mit gelber Schale gelten als besonders schmackhaft.

Wirkung

Tamarillos sind reich an Kalium, Eisen und Folsäure. Sie sind außerdem sehr vitaminreich, enthalten vor allem Vitamin A und C.

Was Sie beim Kauf und der Verwendung beachten sollten

Tamarillos sind sehr druckempfindlich und halten sich bei Zimmertemperatur drei bis vier Tage, bei gekühlter Lagerung maximal eine Woche. Da die Schale wegen ihrer Gerbstoffe nicht zum Verzehr geeignet ist, wird diese – wie bei der Tomate – nach kurzem Überbrühen abgezogen.

1. Reif gepflückt schmecken Tamarillos am besten.

2. Die Frucht wird quer durchgeschnitten und mit einem Löffel ausgelöffelt. Die Kerne können mitgegessen werden.

3. Die Schale mit einem Sparschäler abschälen oder mit heißem Wasser überbrühen und abziehen.

4. Den Stiel abschneiden. Die etwas herbe Frucht passt gut zu Blattsalaten.

5. Die Frucht in gleichmäßige Scheiben schneiden und zu Käse servieren.

6. Tamarillo-Scheiben harmonieren auch mit Geflügelsalat.

Die schönen orangeroten Früchte sind immer ein dekorativer Blickfang.

Tamarinde

Tamarindus indica

Herkunft

Die Tamarinde wird in allen tropischen Gebieten, hauptsächlich aber in Indien angebaut. Der Tamarindenbaum gehört zu den Schmetterlingsblütlern und hat seinen Ursprung in Ostafrika. Die Tamarinde wird manchmal auch fälschlicherweise unter dem Namen „Sauerdattel" angeboten. Sie hat aber nichts mit einer Dattel gemeinsam. Tamarindenmus ist in Currymischungen enthalten.

Form, Farbe und Geschmack

Die zimtfarbenen Tamarindenschoten werden bis zu 15 cm lang und sind etwa daumendick. Sie haben spröde Samenhülsen und die dunkelbraunen Kerne sind deutlich darin zu erkennen. Je nach Sorte variiert das Fruchtmark in Aussehen und Geschmack. Die süße Tamarinde hat bräunliches, innen nussartiges, süßes Fruchtmark, die süßsaure Tamarinde hat jedoch rotschwarzes Fruchtfleisch und schmeckt wesentlich saurer.

Wirkung

Das Fruchtmark der Tamarinde hat einen sehr hohen Zuckergehalt von 35 %. Es enthält 20 % organische Säuren, ist reich an Kalium, hat wenig Kalzium und Phosphor sowie kaum Vitamin C. Das Fruchtmark wirkt leicht abführend.

Was Sie beim Kauf und der Verwendung beachten sollten

Im unreifen Zustand sind Tamarinden grün und die Schale ist noch weich. Reif sind sie, wenn die Schale matt und zimtfarben geworden ist. Bei Zimmertemperatur halten sich reife Früchte mindestens eine Woche.

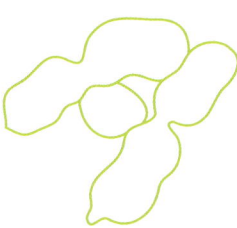

1. Reife Tamarinden mit ihren zimtähnlichen, spröden Schalen.

2. Die äußere Schale entfernen. Da sie ziemlich dünn ist, kann man sie mit Daumen und Zeigefinger zusammendrücken und aufbrechen. Achtung: Es entstehen spitze Kanten und Ecken!

3. Die Samen mit dem Fruchtmark sind mit hellbraunen, klebrigen Fäden umgeben, die abgezogen werden müssen. Wer den Geschmack mag, kann das Fruchtmark von den Kernen ablutschen.

Tamarindensirup

Zutaten:

150 g Tamarinden
75 ml Zucker

Tipp: Die Kerne in starkem Salzwasser einige Minuten kochen, trocknen lassen und im Backofen bei 220° C, Gas Stufe 4–5, Umluft 200° C ca. 15 Minuten rösten. Das ergibt eine beliebte Knabberei.

Zubereitung:

1. Die Tamarinden wie beschrieben vorbereiten.

2. Das Tamarindenmark mit dem Zucker vermischen und zusammen mit 170 ml Wasser aufkochen.

3. Der Sirup ist bedingt durch den hohen Fruchtsäuregehalt im Kühlschrank mehrere Wochen haltbar. Man kann diesen Sirup sehr gut Soßen, Obstsalaten, Fruchtsäften oder Long Drinks beigeben.

1. Um das Fruchtmark zu gewinnen, wird das gesäuberte Fruchtmark mit den Kernen mit kochendem Wasser übergossen und so lange ziehen gelassen, bis sich das Mark von den Kernen lösen lässt.

2. Das Mark durch ein festes Sieb drücken. Die Arbeit ist etwas mühsam. Am besten funktioniert es, wenn das Mark noch nicht erkaltet ist.

3. Wenn das Fruchtmark abgelöst ist, bleiben glänzende, dunkelbraune, harte Kerne zurück.

Topinambur

Helianthus tuberosus

Herkunft

Die Topinambur wird auch Erdartischocke, Erdapfel oder Erdbirne genannt. Ihren Ursprung hat die Knolle in Nordamerika. Von dort wurde sie im 17. Jahrhundert nach Europa eingeführt. Die frostharte Pflanze – sie wird zwei bis drei Meter hoch – sieht unserer Sonnenblume sehr ähnlich. Auch sie hat sehr schöne dunkelgelbe Blüten. An den Wurzeln der Pflanze bilden sich etwa zwei bis drei Dutzend unterschiedlich große und oft sehr bizarre Knollen. Vor der Einführung der Kartoffel war Topinambur ein Grundnahrungsmittel. Heute ist dieses Gemüse eher ein Exote.

Form, Farbe und Geschmack

Die birnen- oder spindelförmigen, oft stark verknorpelten Knollen erinnern vom Aussehen her an Ingwer, haben je nach Sorte eine hauchdünne weiße bis rötlich violette Schale und ein weißes bis cremefarbenes, knackiges und saftiges Fruchtfleisch. Roh schmeckt die Knolle erdig-fade, gekocht entwickelt sie einen leicht süßlichen, nussigen Geschmack, der an Artischocken erinnert.

Wirkung

Topinamburknollen enthalten ca. 80 % Wasser, 15–20 % Kohlenhydrate, ca. 3 % Eiweiß und weniger als 1 % Fett. Sie enthalten die Mineralstoffe Kalium, Kalzium, Phosphor, Eisen und Natrium, Provitamin A und die Vitamine B_1, B_2, B_6, D und C. Der bis zu 16 % hohe Gehalt an dem stärkeähnlichen Kohlenhydrat Inulin ist von besonderer Bedeutung.

Was Sie beim Kauf und der Verwendung beachten sollten

Topinambur müssen aufgrund ihrer bizarren Formen immer sehr gründlich gewaschen werden. Die dünne Haut der Knollen kann, muss aber nicht entfernt werden, da sie gut verdaulich ist. Die Knollen können fein geraspelt zu Salaten oder Rohkostgerichten zubereitet werden. Mit wenig Wasser oder Fett werden sie gedünstet, gebraten oder gebacken. Wenn man sie wie Kartoffeln kocht, verlieren sie ihr Aroma und schmecken fade. Bei Zimmertemperatur halten sich die Knollen ca. 14 Tage lang.

1. Die Sorte „Rote Zonenkugel" hat eine verhältnismäßig glatte Oberfläche.

2. Diese Sorte lässt sich gegenüber anderen bizarren Sorten noch einigermaßen schälen.

3. Da man Topinambur nicht wie Kartoffeln kocht, muss man sie entweder in Würfel oder Scheiben schneiden. Gut gewaschen ist die Weiterverarbeitung auch mit der Schale möglich.

4. Die in Würfel geschnittenen Topinambur kurz in kaltem Wasser abwaschen.

5. Auf ein Sieb geben und gut abtrocknen lassen. Wenn nötig, mit Küchenpapier nachhelfen.

6. Die Topinamburstücke können so vorbereitet roh zu einem Salat verarbeitet werden.

Topinambur-salat

Zutaten:
Für 4 Personen:

1 kg Topinamburknolle
1 EL Butterschmalz
1 Bund Frühlingszwiebeln
250 g Kirschtomaten
Salz, Pfeffer
Essig, Olivenöl

Zubereitung:

1. Die Topinamburknollen wie beschrieben vorbereiten und würfeln.

2. In einer Pfanne das Butterschmalz erhitzen und die Würfel etwa fünf Minuten darin anbraten. Die Pfanne dabei mehrmals schwenken und die Würfel vorsichtig mit einem Holzspatel wenden.

3. Die Würfel sofort in eine feuerfeste Schüssel geben und abkühlen lassen.

4. Die Frühlingszwiebeln putzen, waschen und fein schneiden. Die Kirschtomaten waschen und halbieren.

5. Die geschnittenen Frühlingszwiebeln zu den noch lauwarmen Topinambur-Würfeln geben und unterheben.

6. Das Ganze mit Salz, Pfeffer, Essig und Öl kräftig würzen und reichlich halbierte Kirschtomaten zum Garnieren verwenden.

Tipp: Die Topinamburknollen können mit der Schale in etwas Wasser gedünstet leichter geschält werden. Sie können auch zu Püree verarbeitet werden.

Ugli

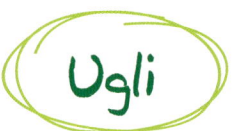

Citrus paradisi x Citrus reticulata

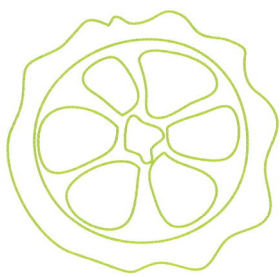

Herkunft

Die Ugli ist eine Zitrusfrucht, die aus der Kreuzung einer Grapefruit, Orange und Tangerine entstanden ist. Sie wurde Anfang des 20. Jahrhunderts auf Jamaika entdeckt und wird heute auch weiterhin fast nur dort angebaut. Ihren Namen hat sie angeblich aufgrund ihres runzeligen, fleckigen Äußeren erhalten (engl. „ugly“ bedeutet „hässlich“).

1

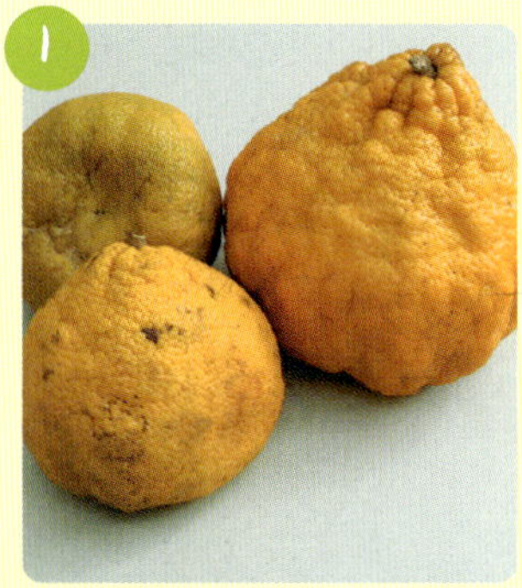

2

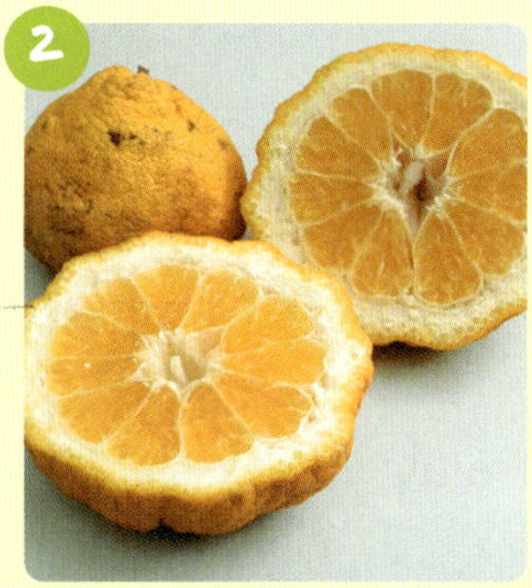

3

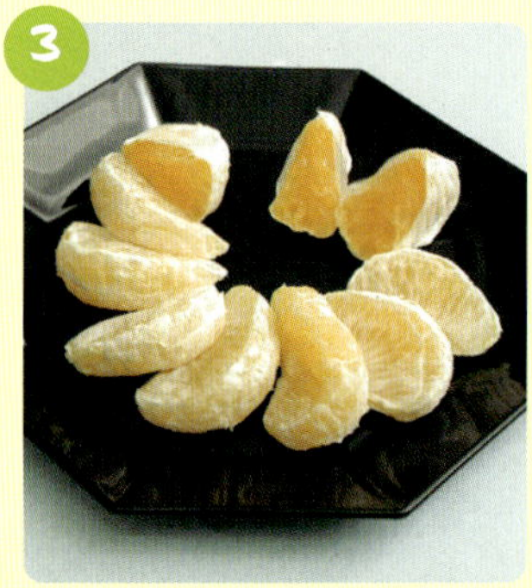

4

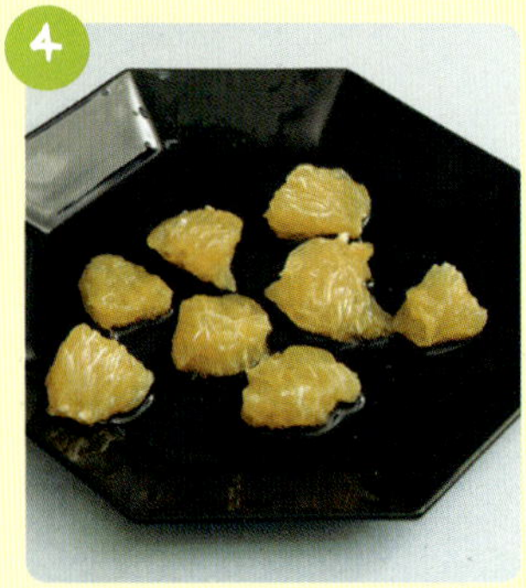

5

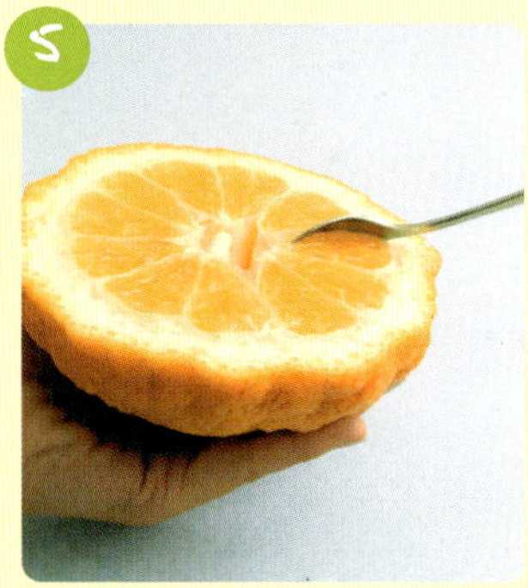

Form, Farbe und Geschmack

Die orangenförmige Zitrusfrucht wird bis zu 16 cm groß und hat eine sehr dicke, gelbgrüne bis orangefarbene Schale. Diese weist große Poren auf und sieht sehr rau und runzelig aus, löst sich aber sehr leicht vom Inneren der Frucht. Das orangegelbe, saftige und fast kernlose Fruchtfleisch schmeckt sehr süß wie eine Mischung aus Mandarine und Orange. Somit ist ihr Name vom Äußeren her vielleicht berechtigt – der Geschmack der Ugli ist jedoch einmalig.

Wirkung

Die kalorien- und fettarme Frucht eignet sich ideal für eine diätetische Ernährung. Außerdem ist sie ähnlich wie andere Zitrusfrüchte reich an Vitaminen und Mineralstoffen.

Was Sie beim Kauf und der Verwendung beachten sollten

Reife Früchte lassen sich leicht schälen und sollten nicht länger als eine Woche bei Raumtemperatur gelagert werden. Gekühlt halten sie sich ein bis zwei Wochen. Wie alle anderen Zitrusfrüchte reift die Ugli nach der Ernte nicht mehr nach.

1. Äußerlich macht die Ugli (engl. hässlich) ihrem Namen alle Ehre.

2. Zum Entsaften die Frucht quer durchschneiden und auspressen.

3. Die Ugli in Spalten zerlegen ...

4. ... oder das Fruchtfleisch aus der weißen Haut trennen ...

5. ... oder die Fruchtstücke mit einem Grapefruitbesteck auslöffeln.

YAM

Dioscorea batatas

Herkunft

Es gibt etwa 600 verschiedene Arten der kartoffelähnlichen Knolle, die auch Brotwurzel oder Kartoffelyam genannt wird. Yams werden in feuchten subtropischen und tropischen Regionen angebaut. Alle Yamarten sind Kletterpflanzen, die Knollen unter der Erde bilden. Hauptlieferländer sind Brasilien und Costa Rica. In Afrika, den Gebieten Südostasiens und Amerikas sind sie ein wichtiges Nahrungsmittel.

Form, Farbe und Geschmack

Die 20 bis 40 cm langen Knollen haben je nach Sorte eine helle oder braune, ziemlich dicke Schale. Sie sind zum Teil auch leicht behaart. Es gibt gelbfleischige und weißfleischige Sorten. Sie haben einen kartoffelähnlichen Geschmack, schmecken aber süßer und intensiver. Die Wasser-Yam kann ein Gewicht von bis zu 50 kg erreichen.

1. Die Wasser-Yam, auch Große Yam genannt, ist die am weitesten verbreitete Sorte. Sie hat weißes, sehr festes Fruchtfleisch.

2. Die Yamwurzeln unter fließendem, kaltem Wasser gut abbürsten.

3. Mit einem Sparschäler die Yams dünn abschälen. Werden sie mit der Schale gekocht, sondern sie ihren stärkehaltigen Schleim nicht so stark ab.

4. Für z. B. einen Auflauf die Yams mit einem scharfen Messer in gleichmäßige Scheiben schneiden. Sollen sie wie Kartoffeln gekocht werden, schneidet man sie in große Würfel. Für Eintöpfe werden sie geschält und klein gewürfelt. Ihr stärkehaltiger Schleim bindet den Eintopf.

Wirkung

Yams enthalten viel Stärke, weshalb sie oft direkt zur Stärkeproduktion verwendet werden. Außerdem enthalten sie Vitamin A und C sowie Kalzium, Phosphor und Eisen. Besonders reich sind sie an Kalium.

Was Sie beim Kauf und der Verwendung beachten sollten

Yams lassen sich im Grunde wie Kartoffeln aufbewahren und zubereiten. Man kann sie backen, kochen, frittieren und dämpfen. Wenn die Knollen geschält werden, sondern sie einen stärkehaltigen Schleim ab. Nach dem Kochen schmecken sie mehlig-süß. Kühl und dunkel gelagert kann man sie bis zu sechs Monate aufbewahren, bei Raumtemperatur sind sie ein paar Wochen haltbar.

Apfel-Yam-Auflauf

Zutaten:
Für 4 Personen

500 g Yamknollen
3–4 säuerliche Äpfel
Fett für die Form
½ l süße Sahne
2 EL Zucker
1 gehäufte Msp. Zimt
knapp ½ TL gemahlener Pfeffer
ein paar Physalis zum Garnieren

Zubereitung:

1. Die Yams wie beschrieben vorbereiten und in Scheiben schneiden. In Verbindung mit Äpfeln sind Yams eine hervorragende und sättigende Süßspeise. Die Äpfel werden geschält, entkernt und in gleichmäßige Spalten geschnitten.

2. Die Apfelspalten werden abwechselnd mit den Yamscheiben in eine gefettete Auflaufform gesetzt.

3. Die Sahne gleichmäßig über die Yamscheiben und Apfelspalten gießen. Ein Gemisch aus dem Zucker und dem Zimt herstellen und gleichmäßig über den Yam und die Äpfel streuen.

4. Das Ganze mit dem Pfeffer würzen und im vorgeheizten Backofen bei etwa 180° C, Gas Stufe 2–3, Umluft 160° C ca. eine Stunde backen.

5. Den Auflauf etwas abkühlen lassen, auf Tellern verteilen und mit ein paar Physalis garnieren.

Zitrone

Citrus limon

Herkunft

Der Zitronenbaum stammt wahrscheinlich aus Südchina. In China war die Zitrone schon vor unserer Zeitrechnung bekannt und wurde von dort vermutlich von den Arabern nach Spanien und damit nach Europa gebracht. Heute ist die Zitrone auch in anderen subtropischen Gebieten Asiens, in Teilen der USA sowie in den warmen Mittelmeerländern in zahlreichen Varianten zuhause.

Form, Farbe und Geschmack

Zitronen leuchten in der Regel hell- bis kräftig oder goldgelb und haben, je nach Sorte, eine dünne, glatte oder feinporige bis dicke, warzige Haut. Am unteren Ende laufen sie in einer Spitze, der Endwarze, aus. Das von einer weißlichen Haut umschlossene, sehr saftige Fruchtfleisch ist hellgelb und schmeckt kräftig sauer. Es enthält weiße Kerne.

1. Zitronen gehören zu den bekanntesten exotischen Früchten.

2. Feste Früchte quer in der Mitte durchschneiden und auspressen.

3. In Scheiben geschnitten werden Zitronen zu vielen Gerichten serviert.

4. Für wenig Saft: Die kleine Presse in die Frucht eindrehen und leicht ausdrücken.

5. **Neu:** eine Handpresse zum Ausdrehen.

Wirkung

Der Saft der Zitrone ist durch den hohen Vitamin-C-Gehalt ein Heilmittel bei Infektions- und Erkältungskrankheiten. Außerdem enthält sie Kalium, Magnesium, Phosphor, Eisen und Kupfer in erwähnenswerter Menge.

Was Sie beim Kauf und der Verwendung beachten sollten

Frisch aussehende Früchte mit nicht trocken wirkender, fleckiger oder stark beschädigter Schale sind gesund und reif. Nur die Schale von „unbehandelten", d. h. nicht durch Spritzmittel rascher reifenden und besser haltbar gemachten Früchten eignet sich für die Weiterverarbeitung. Der beste Lagerplatz für ganze Zitronen ist ein kühler, trockener und luftiger Platz. Die Lagerung im Kühlschrank kann den Geschmack beeinflussen.

Zitronen-Spargel-Cremesuppe

Zutaten:

Für 4 Personen

1 kleiner Bund Frühlingszwiebeln
je 250 g weißer und grüner Spargel
1,3 l Gemüsebrühe
1 TL Butter
1 Frischeschale Milkana Joghurt natur (200 g)
1 TL Zitronensaft
Zitronenpfeffer
Zucker
Salz
ein paar Croûtons zum Garnieren

Zubereitung:

1. Die Frühlingszwiebeln putzen, waschen und in feine Ringe schneiden. Den Spargel putzen, den weißen Spargel ganz, bei dem grünen nur den unteren Teil schälen.

2. Den Spargel in feine Stücke schneiden und in der Gemüsebrühe mit etwas Zucker und Butter ca. acht Minuten garen und herausnehmen.

3. Den Milkana Joghurt natur zur Gemüsebrühe geben, kurz aufkochen und mit dem Zitronensaft, dem Zitronenpfeffer sowie Zucker und Salz abschmecken.

4. Die Frühlingszwiebelringe und Spargelstücke in die Suppe geben und nach Wunsch mit Croûtons garnieren.

Zitronengras

Cymbopogon citratus

Herkunft

Zitronengras wird auch Limonengras genannt und gehört zur Familie der Süßgrasgewächse. Es hat seine Ursprünge vermutlich in Südindien. Heute findet man Zitronengras-Kulturen in ganz Südostasien, wo das aromatische Gewürzgras vor allem in den Küchen von Thailand, Indien, Indonesien und Vietnam verwendet wird. Haupterzeuger des Zitronengrases sind Thailand und Indien.

Form, Farbe und Geschmack

Zitronengras wächst in dichten Büscheln zwischen 15 und 30 cm hoch. Seine Stängel ähneln vom Äuße-

ren her der Frühlingszwiebel, sie sind nur ein wenig blasser. Man verwendet davon nur die leicht verdickte, faserige Stängelbasis. Es hat ein kräftiges, frisch-säuerliches, zitronenartiges Aroma mit einem Hauch von Rosenduft.

Wirkung

Zitronengras enthält ätherische Öle (Citral). Es hat eine desinfizierende, Fieber senkende und Schmerz lindernde Wirkung und wird häufig in Teezubereitungen verwendet.

Was Sie beim Kauf und der Verwendung beachten sollten

Bei Zimmertemperatur halten sich die Zitronengras-Stängel ca. fünf Tage. Zitronengras passt sehr gut zu Fisch und Meeresfrüchten, besonders zu Krabben und Muscheln. Es macht sich außerdem hervorragend in Currys und ist häufig Bestandteil von Gewürzmischungen. Klein gehackt kann man es zum Würzen von Salaten verwenden oder kocht es wie Suppengrün im Essen mit. Zitronengras lässt sich auch in unseren mitteleuropäischen Breiten in Kübeln ziehen, ist allerdings nicht winterhart und muss in einem kühlen Raum im Haus, z. B. im Keller, überwintert werden.

1. Nur die verdickten, faserigen Stängelenden des Zitronengrases werden verwendet.

2. Äußerlich sieht Zitronengras den Frühlingszwiebeln sehr ähnlich.

3. Klein gehacktes Zitronengras macht sich gut als Gewürz für Salate.

Scharfes Rinderfilet mit Zitronengras

Zutaten:
Für 2 Personen

300 g Rinderfilet
2 EL Sojasoße
1 EL Sesamöl
1 kleine zerriebene Chilischote
1 Zwiebel
1 Fleischtomate
1 Packung Uncle Ben's Express-Basmatireis (250 g)
Curry- und Ingwerpulver
Zitronengras
Chilipulver
evtl. Zitronenmelisse zum Garnieren

Zubereitung:

1. Das Rinderfilet unter kaltem, fließendem Wasser abwaschen, trocken tupfen und in dünne Streifen schneiden.

2. Die Sojasoße, das Sesamöl, die zerriebene Chilischote, etwas Curry- und Ingwerpulver miteinander verrühren, das Rindfleisch damit vermischen, in einem erhitzten Wok kurz anbraten, herausnehmen und beiseitestellen.

3. Die Zwiebel schälen und in Ringe schneiden. Die Tomate am Blütenansatz über Kreuz einschneiden, mit kochendem Wasser überbrühen, häuten, halbieren, den Stielansatz und die Kerne entfernen und das Fruchtfleisch in Würfel schneiden.

4. Die Zwiebelringe in dem verbliebenen Bratfett anbraten, die Tomatenwürfel hinzufügen, andünsten, das Fleisch daraufgeben und kurze Zeit durchziehen lassen.

5. Den Express-Reis nach Packungsanweisung in der Mikrowelle zubereiten, mit dem Zitronengras und Chilipulver verfeinern, zu dem scharfen Rinderfilet servieren und nach Wunsch mit Zitronenmelisse garnieren.

Tipp: Das Rindfleisch erhält eine besondere Note, wenn Sie dieses mit einem Schuss Prosecco oder Sekt verfeinern.

Zuckerrohr

Saccharum officinarum

Herkunft

Die Heimat des Zuckerrohrs ist noch ungeklärt, man vermutet seine Ursprünge in Indien. Es gehört zu den wichtigsten Kulturpflanzen und hat eine jahrtausendealte Vergangenheit. Heute wird das Süßgras im gesamten Tropengürtel rund um die Welt angebaut und liefert ca. 60 % der Weltzuckerproduktion. Hauptanbaugebiete sind unter anderem Kolumbien, Brasilien und Kenia.

Form, Farbe und Geschmack

Die Halme der 4 bis 5 m hohen Graspflanze sind in 5 bis 10 cm lange Knoten gegliedert und haben einen Durchmesser von 7 cm. Die Schale des Zuckerrohrs ist hellgelb bis dunkelgrün oder rot. Die inneren hellen Markzellen speichern den Rohrzucker. Das Fruchtmark ist faserig und hat einen erfrischenden, fruchtigen und sehr süßlichen Geschmack.

Wirkung

Das Zuckerrohr hat einen relativ hohen Anteil an Saccharose (13–20 %), die keine Karies verursacht.

Was Sie beim Kauf und der Verwendung beachten sollten

Aus dem Fruchtmark des Zuckerrohrs wird durch Pressen, Auslaugen, Reinigen und Raffinieren Haushaltszucker gewonnen. Das Zuckerrohr ist eine schmackhafte Alternative zu Knabberzeug oder Kaugummi – und eignet sich für den Nikotinentzug. Einfach mit einem Küchenbeil die äußere Schale abhacken, das Zuckerrohrmark auskauen und die Fasern ausspucken. Bei Zimmertemperatur halten sich die Stangen ca. zwei Wochen.

1. Zuckerrohrstangen ähneln äußerlich der Schilfpflanze.

2. Im Inneren liegt das essbare Mark mit einem sehr hohen Zuckergehalt.

3. Die sehr harten Stangen mit einem scharfen Messer schälen.

4. Die geschälten Stangen in Stücke schneiden.

5. Harte Stücke mit einem Küchenbeil teilen.

6. Die kleinen holzförmigen Zuckerrohrstücke kauen.

7. Die Zuckerrohrstücke in Rum tauchen – und genießen.

Zuckerrohr-Sirup

Zutaten:

Zuckerrohr
Rohrzucker

Zubereitung:

1. Das Zuckerrohr von der äußeren, harten Rinde wie beschrieben befreien und mit einem Küchenbeil in ca. 2 cm lange Stifte hacken.

2. Die Zuckerrohrstifte mit ca. 100 ml Wasser zum Kochen bringen und das Wasser einreduzieren lassen. Schon nach kurzer Zeit verfärbt sich die Flüssigkeit braun. Immer wieder etwas Wasser nachgießen und weiterkochen.

3. Nach ca. 30 Minuten das Zuckerrohr herausnehmen. Den so gewonnenen Zuckerrohrsaft nach Belieben mit Wasser strecken und mit Rohrzucker zu einem zähflüssigen Sirup verkochen.

Pfannkuchen

Zutaten:

250 g Mehl
1 Prise Backpulver
3 Eier
50 g Zucker
1 Päckchen Vanillezucker
200 ml Milch
100 g Butterschmalz

Zubereitung:

1. Das Mehl mit dem Backpulver in eine Schüssel sieben, mit den Eiern, Zucker, Vanillezucker und der Milch zu einem Teig rühren. Etwas Butterschmalz in einer Pfanne erhitzen, nacheinander nicht zu dünne Pfannkuchen backen und warm stellen.

2. Die Pfannkuchen auf Tellern anrichten, mit dem Puderzucker bestäuben und den Zuckerrohr-Sirup dazu reichen.

Register

Bildnachweis

© 2007 SAMMÜLLER KREATIV GmbH

Genehmigte Lizenzausgabe
EDITION XXL GmbH
Fränkisch-Crumbach 2007
www.edition-xxl.de

Idee und Projektleitung: Sonja Sammüller
Layout, Satz und Umschlaggestaltung:
SAMMÜLLER KREATIV GmbH

ISBN (13) 978-3-89736-802-6
ISBN (10)   3-89736-802-1

Gedruckt auf **maxi** silk 135 g/qm, Igepa Artikel-Nr. 179

Wir danken folgenden Firmen für ihre freundliche Unterstützung:

F&H Public Relations GmbH, München
– Almond Board of California 58

Freiberger Lebensmittel GmbH & Co., Berlin 53

G. Poggenpohl, Wismar 109

iSi GmbH, Wien 113

Ketchum GmbH, München
– Butaris 23, 93

Melitta Beratungs- und Verwaltungs GmbH & Co. KG
– Toppits 75

MPR Dr. Muth Public Relations GmbH, Hamburg
– USA Peanuts 43, 68
– USA Rice Federation 105

Supress Pressedienste, Düsseldorf
– Nutella 107

The Food Professionals
Köhnen AG, Sprockhövel
– Goldpuder 81, 85, 91, 111
– Kühne 29
– Kühne Vitasur 79
– Leerdammer 27
– Milkana 143
– Ostmann 37, 49, 63, 101, 117
– Uncle Ben's 145

Wirths PR GmbH, Fischach 35
– www.1000rezepte.de 31

Alle weiteren Fotos:
SAMMÜLLER KREATIV GmbH